図解

超入門

統計学

髙橋洋一

JN232022

あさ出版

まえがき

　もし若者たちに「これから何について学ぶべきか」と問われたら、私は次の3つを挙げる。

　語学、**会計学**、そして**数学**である。

　とくに昨今、世の中は**数学の中でも「統計学」**に注目しつつあるようだ。

　インターネットの活用があたりまえになったこの時代、膨大なデータを集めることはたやすくなったが、それを処理し、整理して、理解するためには、「統計学」が必須であることに、みなが気づきはじめた。

　そこで、数々の入門書が書店に並ぶ状況になっているのだが、ここで例に漏れず、重度の数字アレルギーを持つ、あさ出版の編集担当者から、

　「統計学は難しい」
　「どの本を読んでもわからない」
　「数式を使わずに理解できないものか」

　と連絡がきたわけである。

　数字アレルギー保持者の筆頭格である、彼女のこの手の要望は毎度のことであり、これまで経済学や会計学についても同様の経緯で執筆してきた。

　確かに、これらの分野について「入門書」として出回っている本の多くは、初心者向けとしては情報が複雑すぎたり、専門的すぎたりするものが多い。

　嘆きたくなる気持ちもわからなくはなかった。

経済学は難しい。
会計学は難しい。

その誤解を解くべく私は筆をとったのだ。

しかし、である。
これが「統計学」となると話は別だ。
なぜなら、**「統計学」は難しい**からである。

▌ **数字と統計学は切っても切り離せない**

統計学は難しい。
その一部を切り取って、大半を理解できるような都合のよい近道はない。
統計学を難しいと感じるなら、それは決して誤解などではなく、まったくもってその通りである。

そもそも統計学という学問は、数学の分野なのだ。
数式を使って理解することが大前提である。
統計学にとって数字や数式は「言語」であり、それなくしては理解できないようになっている。
言語をマスターしていないのに、その言語で書かれた本を読んでもわかるはずがないのと同じだ。
「数字を見ると頭が痛くなる」と訴える数字アレルギー持ちの人々にとって、統計学を学ぼうとする行為は、いわばアレルゲンの海に飛び込むようなものなのである。

これほど難しい統計学を扱った本が、今なぜ売れているのかと考えれば、おそらくほとんどの人がわからないからだろう。

わからないから途中で挫折し、次の本を手に取る人も多いと思う。

なかには、数式をあまり使わずに書かれており、読めば統計学についてなんとなくわかった気にさせてくれる本もある。

だが、それは「ごまかし」だ。

その本を読んだところで、統計学を使って物事を考えられるようになるわけでも、ビジネスで活用できるようになるわけでもない。

そんなごまかし本を私は書きたくないのだ。

だからといって、統計学について本気で書けば、たとえ基礎レベルであっても、かの編集担当者はもちろんのこと、大部分の読み手には理解できないはずだ。

統計学はそれぐらい難しい学問なのである。

▌ 身近にある「統計学」の恩恵

一方で**統計学は、私たちの生活のとても身近なところで、古くから活用されてきた。**

たとえば、**テレビの視聴率**もその一つ。

視聴率調査を行うビデオリサーチ社によれば、約1800万世帯が暮らしている関東地区において、調査を行っているのはたった900世帯しかない。

この数字を聞いて、一体どう思うだろうか？

2万分の1のサンプル数だけで、本当に正しい視聴率が出せるのか？

そう思うのは統計学を知らないからだ。

知っていれば、少しも疑問に思わない。

**全数調査をしなくても、全体像がある程度わかる。それを
可能にするのが「統計学」**だからである。

統計学が活躍するのは、視聴率だけではない。
他にも挙げるとしたら、わかりやすいのは**選挙速報**だろう。

衆議院選挙や参議院選挙の投票が行われた日の夜、NHK
も民放もこぞって開票速報を放送するのが定番になっている
が、番組開始と同時にどこの放送局でも、当確者を次々と発
表しはじめる。
一体どういうことかと訝しく思う人もいるだろう。
番組がはじまるのは、開票作業をはじめたばかりの時間帯
だ。それにもかかわらず候補者の中から「当選確実」な人物
を見つけ出せるのは、なぜか。
それは各社が出口調査を行っているからである。

出口調査とは要するに、投票所から出てくる人たちに「誰
に投票しましたか？」「どこの政党に投票しましたか？」と
聞いてまわるものだ。
しかし、全員には声をかけられないし、声をかけた人が答
えてくれるとも限らない。
それでも、ある程度のサンプル数を集めることができれば、
開票をまたなくとも当選者を割り出すことができる。
これもまた、統計学のおかげなのである。

▎わかったつもりで終わっていないか

統計学は難しい。

学べば学ぶほど複雑に難解になっていく。

そして、読者のほとんどは数学者ではない。

数式に耐性がない人も多いだろう。

要するに、「誰にでもわかる統計学の入門書」など書けない理由は山ほどある。

しかし、いくら「無理だ」といっても、編集担当者が書いてくれとうるさいのだ。ぴいぴい訴えるのだ。

だから考えてみた。

統計学は難しいが、一方で、私たちの身近なところにも統計学は存在する。

先に紹介した、視聴率や出口調査のしくみを知るためであれば、統計学のひどく理解しづらい部分にまで踏み込まなくても、可能なのである。

何度もいうが、統計学は難しい。難しいから基礎でさえしっかり理解できている人は案外少ない。

というより、わかったつもりになってはいるが、まったく身になっていない人が多すぎる。

そして私は、せっかく本書を手にとってくれた読者に、「わかったつもり」で終わってほしくない。

そこで私は一計を案じた。

統計学の基礎とも呼べない初歩の初歩、あくまで触りの部分についてのみ、これ以上は噛めないというほど噛み砕いて、懇切丁寧に解説してみることにしたのだ。

数学レベルでいえば、中学数学をきっちりと理解していれば、かろうじてわかると思われる範囲である。

だから、この本を読めば誰でも統計学を駆使できるなどとは、口が裂けてもいえない。

　だが、

　「なぜ全数調査をしなくても、全体像がある程度見えてくるのか」

　という、いわば「統計学の存在価値」を実感してもらうことはできるだろう。

　なぜ私が、統計学を重要な学問の一つとみなしているのかについても、理解してもらえると思う。

　超基礎レベルの統計学を知っているだけでも、世の中の見方は変わる。

　人々がどれだけ無駄なことをしているか。

　どれほど非効率なことをしているか。

　見抜けるようになるだろう。

　統計学の触りを理解するだけで、あなたの知識レベルが上がることは確実だ。

　その際、重要なのは、紙と鉛筆をもって、自分で手を動かして計算してもらいたいということだ。

　数学や統計は、本の文字や数字を眺めているだけでは決して理解できない。

　自分で実際にやってみてはじめてわかる。

　本書の作り方をバラしておこう。

　私が、数学をあまりできない人（つまり、あの担当編集者だ）を対象にして、実際に紙に計算を書きながら講義したことを、講義を受けていた人に原稿にしてもらい、最終的に筆

者が加筆訂正して、本書はできあがっている。

　なぜ、こうした方法をとったかといえば、そのほうが数学に自信のない人にとって読みやすいと思ったからだ。

　そのため、数学に少し詳しい人から見ると、具体例などで引っかかる箇所もあるかもしれない。

　ただ、本書の目的は数字アレルギーの人が「こんなようなものなんだな」とざっくり理解できることを最優先にしている。

　その点については、ご容赦いただければと思う。

　本書は、入門書を読んだがわからなかった人向けに書いた本である。統計の初歩の初歩という、誰も書いていない分野に挑戦してみた。

　本書を理解できた人なら、どんな統計の入門書でも読み進めていけるだろう。

　初歩の初歩とはいえ、あなどらずに取り組んでもらえれば、身についた統計学は必ずあなたの武器になる。

　それを信じて、ぜひ本書を読み進めてほしい。

目 次

2章

正規分布

——もっともポピュラーな「分布の王様」

5 章

視聴率・出口調査のカラクリ

──「世の中の不思議」は統計学で解明される

編集協力／玉置見帆

そもそも「統計学」とは？

——"お金"と"労力"のムダを はぶく！

▌統計学についての"よくある誤解"

さて、これから統計学の基礎について説明していくわけであるが、そもそも読者は「世の中でどのように統計学が用いられているか」について、正しいイメージを持っているだろうか。

統計学について知らない人が抱きがちな、よくある誤解として、PCやインターネットの普及にあわせていわれはじめた、ビッグデータなる膨大なデータを、うまく整理し処理するために統計学が活躍するというものがある。

確かにそういう一面もあるが、それは技術革新に伴いごく最近になって活発になってきた活用法だ。
従来の「統計学」とはちょっと趣が違う。

読者が日常的に触れることのできる「統計学」の代表といえば、先にも挙げた「テレビ視聴率」だろう。

一般的に「視聴率」というとき、これは「世帯視聴率」を指す。
2018年現在、日本の世帯数は約5800万といわれるが、そのうちの何世帯がその番組を見たのかを、数値化したのが視聴率である。
もっとも、視聴率を調べる装置がすべての世帯に設置されているわけではないのは、先にも述べたとおりだ。
ビデオリサーチ社の発表によれば、1800万世帯が暮らす関東地区においてサンプル数はたった900、関西地区、名古屋地区はそれぞれ600、その他の地域を合わせても、集めているサンプル数は6900世帯分しかないそうだ。

日本の全世帯数は約5800万世帯なのだから、サンプル数はたった8400分の1ほどにすぎない。

このサンプル数による視聴率の統計を「もっともらしい」と受け止めるのが、統計学のわかる人である。

そして、「全数調査をしなければ正しい数字がわかるはずがない」と懸念を抱くのが、統計学のわからない人なのである。

もちろん本書は、後者の人たちに対して、**統計学とは一体どういうものなのかを知ってもらおう**という目的をもって、書いているわけだ。

視聴率や選挙の出口調査がそうであるように、限られたサンプル数によって全体像を把握することがなぜ可能なのか。

それは読み進めていけば最終的には理解してもらえると信じている。

ただ、今の時点で、

「**統計学とはどういうものか**」

を感覚的に少しでもわかってもらえるように、視聴率を例にとって簡単に解説してみよう。

極端な話だが、仮に視聴率を調査する装置が、テレビを1台所有する1世帯にしか設置されていなかったら、どうなるだろうか?

わかるのは、その1世帯が「見たか、見なかったか」。

つまり、このデータから算出される視聴率は「0％」か「100％」に限られてしまう。

実際の視聴率、つまり全数調査をした場合に算出される数

値とのブレは、とんでもないことになるわけだ。

　次に、もう1世帯増やし、2世帯を調査することになったらどうか。

　2世帯を「A世帯」「B世帯」、番組を見た場合を○、見なかった場合を×と表記するとき、考えられる視聴パターンは図1のようになる。

【図1】

A世帯	○	○	×	×
B世帯	○	×	○	×
視聴率	100%	50%	50%	0%

　以上の4通りに限られるわけだ。

　この4つのパターンは、実際に計ると、それぞれが起こる確率によって番組の視聴率は違ってくる。

　しかし、2世帯分のデータから出る視聴率は0%、50%、100%のいずれかになる。

　1世帯の場合と比べると、実際の視聴率とのブレが激しいのは同じだが、いくぶんマシだ。

　では、サンプルが3世帯になるとどうなるだろう？

【図2】

A世帯	○	○	○	×	○	×	×	×
B世帯	○	○	×	○	×	○	×	×
C世帯	○	×	○	○	×	×	○	×
視聴率	100%	67%	67%	67%	33%	33%	33%	0%

図2のように視聴パターンは8通りになる。これを視聴率で考えるとどうなるか。

・3世帯すべてが見ている……100％
・2世帯が見ている……………67％
・1世帯だけが見ている………33％
・どの世帯も見ていない……… 0 ％

　このように分類できる。
　まだまだ非常に大きなブレがあるのは間違いないが、1世帯、2世帯のみの場合に比べれば実際の視聴率にわずかながら近づいていると考えられる。

　こうして4世帯、5世帯、さらには100世帯、1000世帯、1万世帯と、サンプル数が増えていけばいくほど、実際の視聴率と、サンプルから割り出される視聴率とのブレは、どんどん小さくなっていくのである。

すべてを調べずとも、全体像はある程度わかる

　では、全数調査をしなくても、サンプル数を揃えれば、実際の視聴率がわかるのか。
　統計学を用いれば、サンプルの数を揃えることで、全体を明らかにすることができるのか。

　厳密にいえば、これは違う。
　サンプル調査と全数調査には、あくまでもブレが生じるからだ。ブレを0にすることはできない。

　ただ、統計学を駆使することで、

「これだけのサンプルを集めれば、真の値とのブレは±1％におさまる」

「これだけのサンプルを集めれば、真の値は99％この範囲内におさまる」

ということがわかるのだ。

つまり、**全数調査をしなくても、もっと少ないサンプルのデータだけで、限りなく全数調査の結果に近い数値を、割り出すことができる。**

これが統計学である。

考えてみてほしい。

もし、1800万世帯分のデータを集めた場合と、たった900世帯分しか集めなかった場合との数値を比べたときに、そのブレが非常に小さいものであったとしたら、どうだろう。

もし、1000世帯を調べた場合と、900世帯を調べた場合の、視聴率のブレを比べてみたら、ほとんど差がないとしたら、どうだろう。

わざわざお金と労力をかけてまで、膨大なデータを集めるのはムダなのだ。

統計学がこのムダをきれいに解消してくれるわけである。

▎統計学には"バイアスがかからない"のが前提

少ない費用、少ない労力で、ほぼ正確な全体を把握することができる統計学だが、"ほぼ正確な"結果を割り出せるかどうかは、サンプルの選び方にかかっている。

たとえば、視聴率調査をするとき、その家庭の人がどの番組を見るかは、年代や家族構成によって違うはずだ。

もし、サンプルが20代の若者ばかりに偏ったり、逆に70代以上の高齢者にばかり偏ったりすれば、結果にもまた偏りが出てしまう。

　つまり、サンプルにバイアスがかかってしまうと、正確な結果を出せないと考えられるわけだ。

　そこで、**統計学者は、いかにしてバイアスがかからないようにサンプルを抽出するかを重視する。**

　新聞社やテレビのニュース番組では「世論調査」が行われる。

　たいていは電話調査によるもので、あちこちの一般家庭に電話をかけて、政治問題、話題になっている時事問題について質問し、いくつかある選択肢の中から答えを選んでもらう。

　このとき、誰に電話をするかは、無作為抽出で決められる。「無作為」というからには、すべての人が平等に選び出される可能性を持っているということだ。

　では、どういう手法をとれば「無作為」になるだろうか？

　昔あったのは、電話帳を使うやり方だ。

　今はあまり見かけなくなったが、どの家庭にも固定電話があった時代は、ほとんどの人の電話番号が載っていたので重宝したものだ。

　この電話帳からどう無作為抽出できるのか。

　一人がパラパラパラ……と電話帳をめくり、誰かがストップをかけ、その中からさらに別の誰かが番号を選んで、電話をかける。

　このやり方ならどうだろう？

　——一見、作為がなさそうに思えるが、実際にやってみる

と、電話帳の最初のページや、終わり部分に記載された番号はなかなか選ばれず、中間あたりに集中してしまう。

　では、これならどうか。
　まずは、適当に1つの番号を選ぶ。
　どこかのページの、何番目かの電話番号を選んだら、あとは「前の番号から50番目」とか、「前のページから15ページ目」といったルールを決めて、等間隔で番号を選んでいくのである。

　このやり方は、無作為抽出法の中でも系統抽出法といわれて、一昔前にはよくやられた方法であった。

　しかし、電話帳を使っての無作為抽出は、時代とともに現状にそぐわなくなっていった。
　携帯電話が広く普及したからだ。
　老若男女が携帯電話やスマートフォンを持つようになり、家に固定電話があるのは高齢者の家庭ばかりだ。
　また、個人情報保護の観点から、電話帳に電話番号が記載されないように手配する人も増えている。

　そこで、現在は、コンピューターで数字を無作為に組み合わせて電話番号を作り、その番号にかけてみて、相手が条件に見合うようであれば調査を頼むといった「RDD（Random Digit Dialing）方式」が主流となっている。
　また2016年からは、携帯電話、スマホについても、同様の方法で調査が行われるようになった。

　もっとも、固定電話の番号から抽出されるサンプルが高齢者に偏ることは変わらない。

それに、携帯電話やスマホの持ち主が、端末に登録されておらず、見覚えもなく、予定にもない番号からの電話に出る確率はさほど高くないだろう。

「無作為」といいつつも、多少のバイアスがかかることは避けられないはずだ。

統計学というのは、バイアスのかかっていないサンプリング調査を前提とする。

確かに、たとえば研究の分野においてバイアスのかかった調査をすれば、どこかの回し者だと疑われかねない。

バイアスがかかっているかを判断したり、どうすればバイアスがかからないようにするかを研究したりするのも、統計学の一種なのだ。

▌ "バイアスがかかる"データが必要なことも

一方で、バイアスのかかったデータこそ意味を持つ場合も多い。

とくに、ビジネスにおいて統計学を用いる場合は、バイアスがかかっていることが、逆に重要になる。

たとえば、購入した本にアンケートハガキが挟まれていることがあるだろう。

設問はさまざまだが、出版社が求めているのは購入者の情報だ。

その著者、そのジャンルを支持している読者が、どんな点をおもしろいと思い、どんな興味を持っているのか、探りたいのだ。

集まった情報は次回作につなげることができる。

支持層についての情報は、バイアスのかかった情報である。

統計学的にいえば問題があるが、出版社にとっては価値がある。

　ただ、その扱いには統計学が必要だ。
　出版社の人間はおしなべて文系であり、統計学との接点が乏しい。

　だから、アンケートハガキを集めても、
　「なんとなく、こういう意見が多い気がする」
　という印象で結果を出してしまいがちだ。
　「何百ものハガキが返ってくるわけではないから、印象で十分なのだ」
　という考えなのだろうが、的外れも甚だしい。
　ハガキが何百通も届かなければ、統計をとる意味がないと考えるのが素人であり、ハガキが少ないときこそ統計学の出番だと捉えるのが、統計学を知っている人なのである。

　もっとも、その方法は、数学を知らない人には難解極まりないので、ここでは解説しない。
　実践するのであれば、ぜひ専門家を頼ってもらいたい。
　ただし、数学をたしなんでいれば、誰でも統計学が駆使できるわけではない。
　概要は語れるかもしれないが、使いこなすことは専門家でなければ難しい。
　いや、数学を扱う専門家であっても、統計学は難しいのである。

　以前、自民党のある議員が自民党LINE公式アカウントで、登録者に対して「次にやってもらいたい政策は何か」というアンケートを募集したことがあった。

これに対して、「この調査で集まったデータには、バイアスがかかってしまうから意味がない」という趣旨の批判をした学者がいたのである。

そんなわけがない。
この学者は、隔たりのない政策を指向すればという趣旨で発言したのだろうが、自民党は自党の支持者がやりたいことを調査するわけで、まさに統計学がわかっていない人のいい分である。

自民党のLINEに登録している人の多くは、自民党支持者だと推測できる。
自分たちを支持してくれる人たちが、何を望んでいるのかを知ることに、意味がないわけがない。
与党は、与党の支持者向けの政策をするのがあたりまえなのである。「そのような与党はけしからん」というのであれば、選挙で票を入れなければいいだけの話だ。
学問的には通用する常識が、現実世界には当てはまらないことがある。
臨機応変に対応する頭の柔軟さが必要だ。

■ ランダムは案外難しい

ここで無作為抽出するということは、どんな作為もそこにあってはならないということだ。
では、完璧にランダムであるというのは、一体どういうことなのだろうか？

「ランダム」とはどういうものか実感するために、次の問題を読者に試してもらいたい。

　1〜20まで、20個の数がある。

　つぎの10個のマスに無作為に、このいずれかの数字を記入してみてほしい。

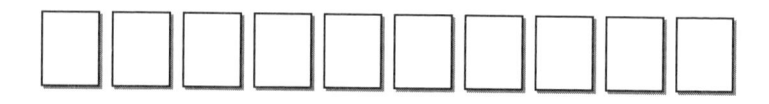

　頭の良し悪しはまったく関係ない。

　単純に、無作為に、10個の数字を選び出せばいいだけだ。簡単だろう。

　これぐらいならば、わざわざ紙に書き出さなくとも、頭の中で10個を選び出してもらっても構わない。

　……できただろうか？

　では、あなたがランダムに選んだ10個の数字について、次の点を確かめてみよう。

　いろいろな観点があるが、とりあえず2つとしよう。

　① すべて異なる数字を選んだ。
　② 数字が小さい順に並んでいる。

　もし、いずれかに該当したり、どちらも当てはまっていたりすれば、あなたの選んだ数字はランダムにはなっていない。

　20個の数字からランダムに10個選ぶということは、正二十面体のサイコロに、1から20までの数字を書き、転がして、出た目の数字を書き出すのと同じことなのだ。

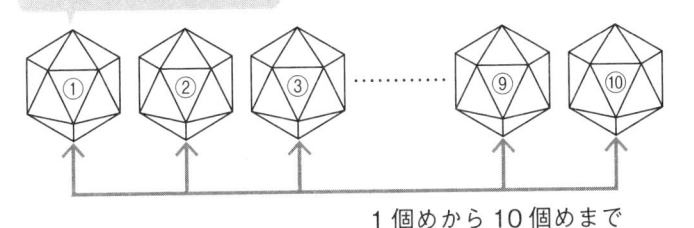

【図3】

Q. 1〜20 の中から 10 個をランダムに選ぶには？

1, 2, 3, …20 の中から 1 つ

① ② ③ ………… ⑨ ⑩

1 個めから 10 個めまで
すべてに 20 通り
‖
正二十面体を転がす場合と同じ

　正二十面体のサイコロを10回すとき、それぞれ1回ずつに出る目は20通りあるため、

$$20 \times 20 \times 20 \times 20 \times 20 \times 20 \times 20 \times 20 \times 20 \times 20$$
$$= 10{,}240{,}000{,}000{,}000$$

これだけのパターンがあるわけだ。

　一方で、①の条件を満たす組み合わせはというと、1回めには20通り、2回めは1回めの数を除いた19通り、3回めは同様に18通りとなるので、

$$20 \times 19 \times 18 \times 17 \times 16 \times 15 \times 14 \times 13 \times 12 \times 11$$
$$= 670{,}442{,}572{,}800$$

　正二十面体のサイコロを10回す回数10,240,000,000,000より少なく、670,442,572,800通りしかないのである。

　かなりの数だと思うかもしれないが、完璧にランダムにし

た場合と比べれば一部であり、かなりのバイアスがかかっていることは間違いない。

　②の条件を満たす組み合わせの数は、読者の宿題にしよう。

　「ランダム」というものを、適当に、めちゃくちゃにやればいいと、簡単に考える人がいるが、完璧に作為なくそれをやることは、案外難しいのである。

　完璧にでたらめにやるのは難しいのだ。

　今はコンピューターを使うことで、簡単にランダムに数字を選ぶことができるようになったが、テクノロジーが未発達だったころ、電話帳などを使って、無作為抽出していたのは、前にも書いた通りである。

　面倒に思えるかもしれないが、そうしなければならないくらい、ランダムとは容易ではないのだ。

▌過不足なくやるのも難しい

　人が「ランダム」を完璧にやるのは難しい。

　一方で、すべてを整理し、過不足なく書き出すことも、人間には同じくらい難しい。

　よくプレゼンなどで、

　「この事柄に対する課題を挙げると３つになります」
　「この事業の問題点をまとめると４つになります」

　といった言い回しを聞くものだが、それらが過不足なくまとめられていることなど滅多にない。

　逆に、これができる人の話題は筋が通っており、論理がは

っきりしていて、話題も重複せず、とても説得力がある。

あなたはどちらだろうか？
実はそれは数学の能力を見れば、ある程度わかる。

たとえば、次のような問題を解いてみてほしい。

例題

ここに、1〜6までの数字が書かれたカードが6枚ある。この中から3枚を選ぶ場合、選び方は何通りあるだろうか？

さて、高校数学が得意であった人であれば、
「これは組み合わせか？　順列か？　どんな公式だっただろうか……？」
と、かつての記憶を掘り起こしたくなるかもしれないが、そんなことをする必要はない。

数学の問題となると、公式を思い出そうとするのは、数学のできない人がやりがちなことだ。
数学の思考の方向性がわかっている人は、公式など覚えておらずとも問題は解ける。
実際、私は大学で数学を専攻したが、数学の公式はほぼ覚えていない。
ただ、どう考えればいいのか、どの方向へ向かえば解が導き出せるのかはわかっている。
だから、公式など知らなくとも問題は解けるのだ。

この問題も、単純に考えられるすべての組み合わせを書き出せばいいだけの話である。数が多くなれば時間はかかるが、それも数分のこと。

時間制限のあるテストを受けているわけではないのだから、それくらいの手間は何ともない。

　さあ、その手に紙とペンをとって、書いてみてほしい。
　すべてを、過不足なく、書き出すことができるだろうか？

　答えは図4のようになる。

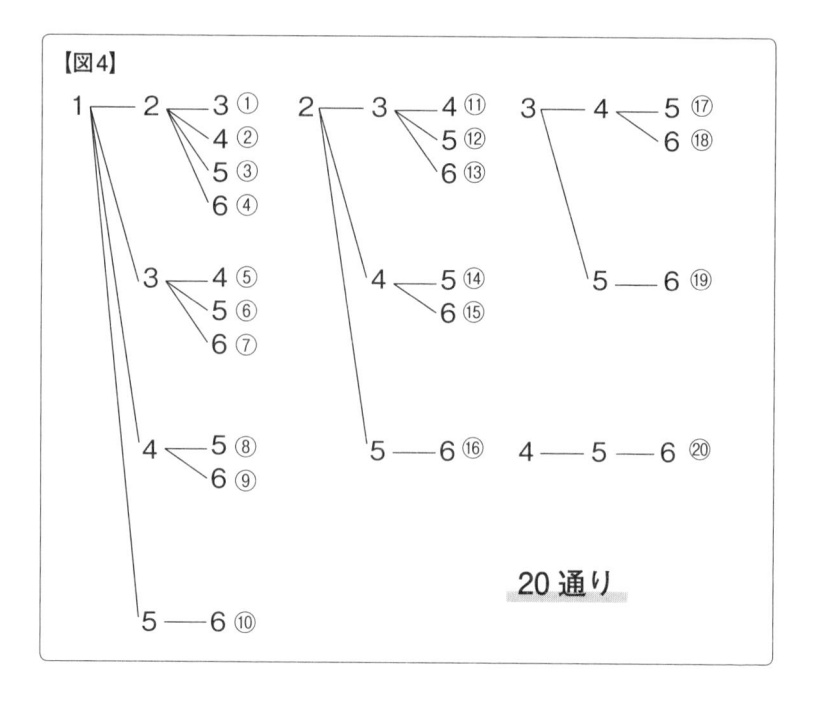

【図4】

20通り

　書けば明らかだ。
　20通りである。
　これが数学の美しさだ。

1章

ヒストグラム、平均値、
　分散、標準偏差

——「統計学」は、ここから
　　　はじめよう！

もっともポピュラーな統計学
「ヒストグラム」

▌誰でも試せるサイコロのヒストグラム

統計学とはどういうものか、ぼんやりとでもわかってきたところで、次はより統計学らしいことをしていこう。

生のデータが集まってきて、いざ統計学を駆使してそれらデータを読み解こうと考えるとき、着手する方法がいくつかある。

その中でもっともポピュラーなのが、「ヒストグラム」を描くことである。

読者に馴染んだ言葉を使うなら、棒グラフだ。

統計学的な言葉を使って説明するのであれば、**縦軸が「度数」、横軸が「階級値」を表す**統計グラフである。

ただ、データがあればすぐにヒストグラムにできるわけではない。いくつかの過程が必要になる。

そもそも「度数」とは何なのか、「階級値」とは何なのか、と疑問に思うはずだ。

要するに、集められたデータから、少なくとも「度数」と「階級値」を導き出さなければ、ヒストグラムは描けないわけである。

では、集められたデータから、どのようにしてヒストグラムを描くのに必要な情報を得ればいいのだろうか。

ヒストグラムについて説明するとき、もっともわかりやす

いのは、サイコロを使って考えることだ。

　ここに、すべての面が出る確率が均等な、バイアスのかかっていないサイコロがある。
　要するに、歪みがなく、いずれかの面だけが偏って出るようなことのない、正確なサイコロということだ。

　このサイコロを3回振って、出た目の数を記録する実験をするとしよう。サイコロには1〜6の目があり、3回すべてについて出る目はそれぞれ6通りずつある。
　つまり、

$$6 \times 6 \times 6 = 216$$

となり、1度の実験ごとに、どのような3つの数字が揃うかは、216通りあることになる。
　「111」になるか「666」になるかはわからないが、どんな組み合わせになっても、それは216分の1の確率で出てきた数字だということだ。
　ここで、それぞれの組み合わせを、1〜216番までナンバリングする。たとえば「111」が1番、「112」が2番、と並んだ3桁の数字が小さい順に番号を振っていき、最後の「666」を216番にする、といったようにナンバーをつけていくわけである。

　さて、このようにしてサイコロを振る実験を1万回繰り返したとき、1〜216までナンバリングされたそれぞれの組み合わせが出る割合は、どのようになるだろうか？
　1万回実験をするということは、1度につき3回サイコロを振るのだから、3万回振ることになる。

３万回分すべてを記録していくわけだ。

実際に、人海戦術で挑めばやれなくもないレベルの実験である。時間のある読者にはぜひチャレンジしてもらいたいところだが、ここでは結論だけまとめておこう。

結果は、おおよそ図5のようになる。

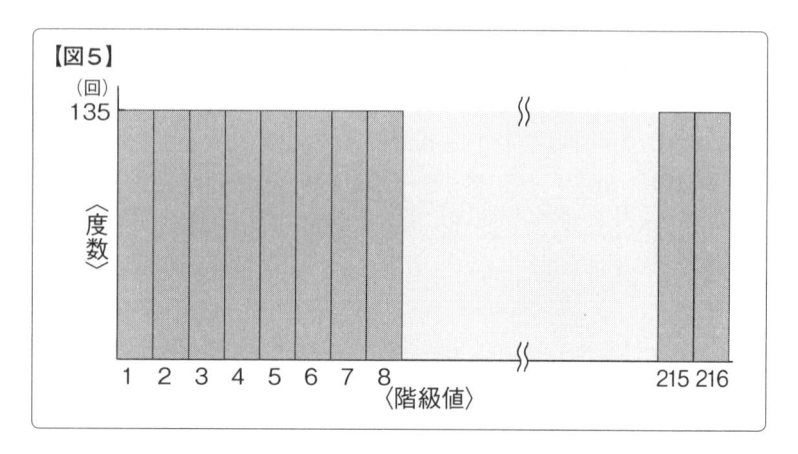

１〜216、すべての組み合わせが出た回数が、大体135回くらいで同じように並ぶ図になるのだ。

なぜなら、バイアスのかかっていないサイコロを、３万回もの回数振ったからである。

目が出る確率がすべて一様である場合、振る回数が多くなればなるほど、出た目のばらつきは小さくなっていく。

少し話はそれるが、もしこの実験を600回しか行わなかった場合の結果をヒストグラムにすれば、図6のようになるだろう。

見ての通り、図はぼっこぼこだ。

実験の回数によって結果が変わってしまうことがわかる。

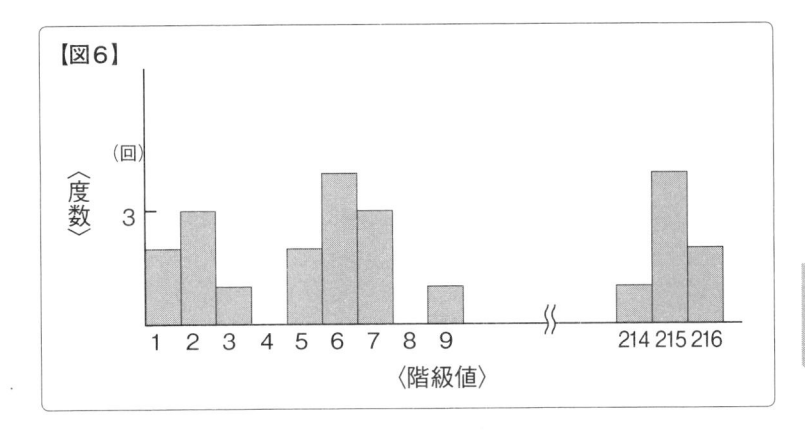

【図6】

〈度数〉 (回)

3

1 2 3 4 5 6 7 8 9 … 214 215 216

〈階級値〉

　つまり、データを計測するときには、どれくらいのデータを集めれば十分かを考えることも必要になるわけだが、この話を発展させると難しくなりすぎてしまうため、ここまでにしておこう。

　もし、3万回やってもヒストグラムがぼこぼこになるのであれば、それは前提が違っていたのだろう。

　要するに、そのサイコロは歪んでいるのだ。

「度数」と「階級値」とは？

　さて、図5、図6を見ればわかるように、これらのヒストグラムの度数は「回数」を表し、階級値は「出る目の組み合わせのナンバー」を表す。

　もちろん、ヒストグラムのすべてがこれに当てはまるわけではない。どのようなデータを扱うかによって、「度数」と「階級値」は変わる。

　ところで、世の中で統計をとる場合、そのほとんどは、もっと数字が細かくその範囲は広い。

　そのため、いわゆる"統計学のテキスト"でヒストグラム

を説明するとき、例としてよく挙げられるのが身長のデータだ。

　なぜなら、身長は、親の遺伝的特徴や本人の生活習慣、食生活、運動歴など、さまざまな要因によって決まるものであり、偶発的な結果となるため、事例として扱いやすいのである。

　本書でも、身長についてのヒストグラムを考えてみよう。
　たとえば、ある4人について、性別は考慮せず、純粋に身長のデータのみを確認してみよう。

　　・1人目……155cm
　　・2人目……169cm
　　・3人目……166cm
　　・4人目……157cm

　次に、身長についてある程度の範囲を区切ってみる。
　データの最小値から最大値までが入る範囲を区切り、その範囲をより小さな範囲に分けるのである。
　このデータの場合、

　　・151cm〜155cm
　　・156cm〜160cm
　　・161cm〜165cm
　　・166cm〜170cm

　といった5cm単位の範囲で区切るとわかりやすいだろう。
　これが「階級」だ。
　目安として、5〜8程度の幅で区切ることが多い。
　さらに、それぞれの階級の代表となる数値が「階級値」と

なる。

　一般的には真ん中の値を選ぶことが多いが、基本的にはどの数値を選んでも構わないことになっている。

　今回のデータについては、各階級の真ん中の数値をとって、次のように階級値を設定しよう。

・151cm〜155cmの階級 → 階級値：153cm
・156cm〜160cmの階級 → 階級値：158cm
・161cm〜165cmの階級 → 階級値：163cm
・166cm〜170cmの階級 → 階級値：168cm

　次に、それぞれの階級に、4人のうち誰のデータが当てはまるかを考えてみよう。

・151cm〜155cm ……1人目（155cm）が該当
・156cm〜160cm ……4人目（157cm）が該当
・161cm〜165cm ……該当者なし
・166cm〜170cm ……2人目（169cm）
　　　　　　　　　　3人目（166cm）が該当

　このようになるわけだ。

　これで、それぞれの階級に、何人の該当者がいるかが判明した。

・151cm〜155cm ……1人
・156cm〜160cm ……1人
・161cm〜165cm ……0人
・166cm〜170cm ……2人

この人数が、ヒストグラムの「度数」になる。

　これでヒストグラムを描くために必要となる要素はすべて判明した。

　では、すべてのデータを一覧にしてみよう。

【図7】

階級	階級値	度数	累積度数
151cm ～ 155cm	153cm	1	1
156cm ～ 160cm	158cm	1	2
161cm ～ 165cm	163cm	0	2
166cm ～ 170cm	168cm	2	4

　上の一覧表を「**度数分布表**」という。

　この表をもとに描かれたヒストグラムは、図8のようになる。

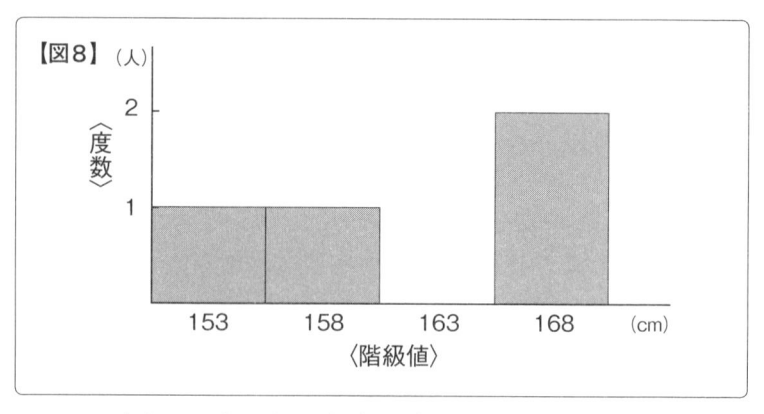

　このように、たった4人分のデータでも十分ヒストグラムは描けるのだ。

さて、図8のヒストグラムを見て、不思議に思う人もいるかもしれない。

たとえば、階級値「153cm」の度数が「1」になっている。このデータ、もともとは「151cm〜155cm」という階級に、「155cm」の人が1人いたことを表していたはずなのだ。

しかし、ヒストグラムで読み取れるのは、「153cmの人が1人いる」というデータだけだ。

要するに、もともとあったデータと比べると、情報の正確さは若干薄まっていることになる。

ただ、統計学においては、その誤差は分析上支障がないと考えるのだ。

それに、実際の計測では、たった4人分のデータでヒストグラムを作ることはない。

それなりに多量のデータを処理するのだから、細々した数値にこだわっていては面倒だ。

多少の誤差があっても、結果には大きく影響しない。データ数が多ければなおさらである。

だから、**統計学では些細な誤差は見逃す**のである。

データをよりシンプルにわかりやすく整理し、処理しやすくするための方法だ。

どんな現象であっても、ある程度のデータの個数があれば、ヒストグラムを描くことは可能だ。

サイコロを3万回、1人で振るのは大変でも、100回振るくらいならできるだろう。

100回振って、1〜6まで6つの目が出る回数を記録する。そうすれば、簡単にヒストグラムを作ることができる。

家族や親戚の身長のデータを集めて、ヒストグラムを作っ

てみるのもいいだろう。

　統計学を知る手はじめだ。
　一度、その手で、ヒストグラムを描いてみたらいい。
　実践ほど身につきやすい学びはない。

　私は今でも統計データがあると、ヒストグラムを作ってみる。
　もっとも、現代には、エクセルなどの計算ソフトがあるので、データをダウンロードして、ヒストグラムを容易に作れるのでとても便利だ。

「平均値」「分散」を計算してみよう

統計学における「平均値」の求め方

ヒストグラムを描くことで、集められたデータが全体的にどういった性質を持っているのか、理解することができる。

さらに、もっとデータを細かく見て、どのような特徴を持つのかを把握するために必要な、いくつかのポイントがある。

一つは、「平均値」だ。

「平均」という言葉は、読者のみなさんもよく慣れ親しんだ言葉だろう。

どのように求めればいいかは、誰でもわかる。

データを合計し、それをデータの数で割ればいいのだ。

図9は、サイコロを30回振ったとき、どの目が何回出たかを表にし、ヒストグラムに表したものだ。

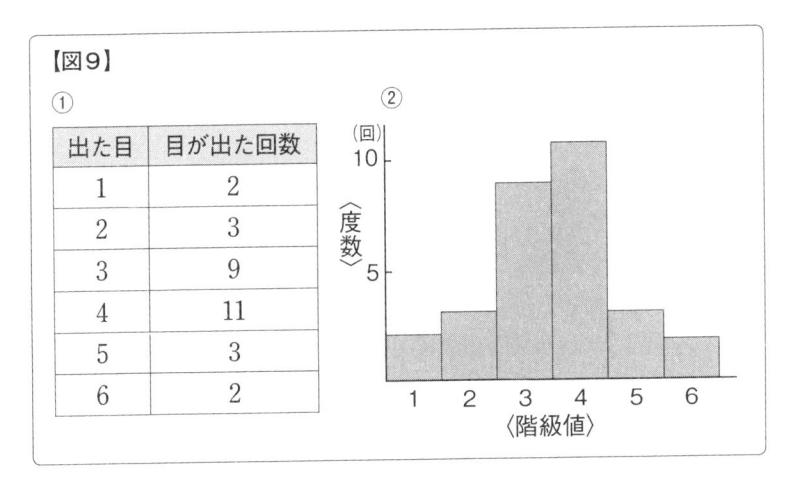

【図9】

①

出た目	目が出た回数
1	2
2	3
3	9
4	11
5	3
6	2

②

実際にはこういう実験をして、平均を求めることもないだろうが、「考え方」を知るためと思ってほしい。

　では、このデータから平均値を割り出してみよう。
　先にも述べたように、合計をデータの数で割ればいい。

$$\frac{1×2+2×3+3×9+4×11+5×3+6×2}{30}≒3.53……(1)$$

　つまり、このデータの平均値は3.53ということになる。
　ただ、このデータは、もう一つ別の見方をすることもできる。
　「1」の目は、30回サイコロを振ったうち2回出たわけであり、「2」は30回中3回、「3」は30回中9回ということになる。こうしてすべての数字を見ていくと、次のようにも求められる。

$$1×\frac{2}{30}+2×\frac{3}{30}+3×\frac{9}{30}+4×\frac{11}{30}+5×\frac{3}{30}+6×\frac{2}{30}≒3.53$$
$$……(2)$$

　求められる平均値は同じだ。
　しかし、二つの平均値は、そこに至るまでの考え方が大きく異なる。

　先の計算方法（1）は、一般的な平均の出し方として、個別のデータの合計をデータの数で割ったものをかけている。
　一方、後の計算方法（2）は、階級値に対して、その階級値の度数を全体の数で割ったものをかけている。
　このように、その**階級値の度数**が、**全体に占める割合**を表した数を「相対度数」という。
　要するに、サイコロを30回振ったときの内訳を表す値である。

このデータにおける階級値それぞれの相対度数は、

$$\frac{2}{30}、\frac{3}{30}、\frac{9}{30}、\frac{11}{30}、\frac{3}{30}、\frac{2}{30}$$

となる。また、すべての階級値の相対度数の和は、

$$\frac{2}{30}+\frac{3}{30}+\frac{9}{30}+\frac{11}{30}+\frac{3}{30}+\frac{2}{30}=1$$

となるように、必ず「1」になるという性質を持っている。

この場合はサイコロを例に挙げたため、階級値は1つに定まる。平均値をどちらの方法で求めても、値は変わらない。

しかし、たとえば先に例を挙げた身長のデータの場合、階級には幅がある。

つまり、個別のデータをすべて合計してデータの数で割った平均値の値と、階級値に対して、その階級値の度数を全体の数で割って平均値を出した場合とでは、数値に若干の違いが出る可能性がある。

前者（1）の平均を**「普通平均」**、後者の方法（2）で求められた平均を**「加重平均」**と区別したりもするのだが、統計学でいうところの「平均値」は一般的に後者の方法（2）で求められる。

▌ データのバラツキを表す「分散」

さて、この階級値と相対度数から求められる「平均値」には、一体どのような意味があるのか。

いってしまえば、「このデータのど真ん中はここですよ」というだけのことである。

ヒストグラム上に平均値を置くと、その点で図のバランス

がとれる……といういい方をすることもあるが、それだけではデータを読み解くという目的のもとでは、あまり意味がない。

　平均値を求めるだけでは、このデータがどのような意味を持つのか見えてこない。
　そこで、次に求めたいのが「**分散**」だ。

　分散とは、集めたデータがどの程度ばらついているかを表す値である。
　次の図を見てほしい。

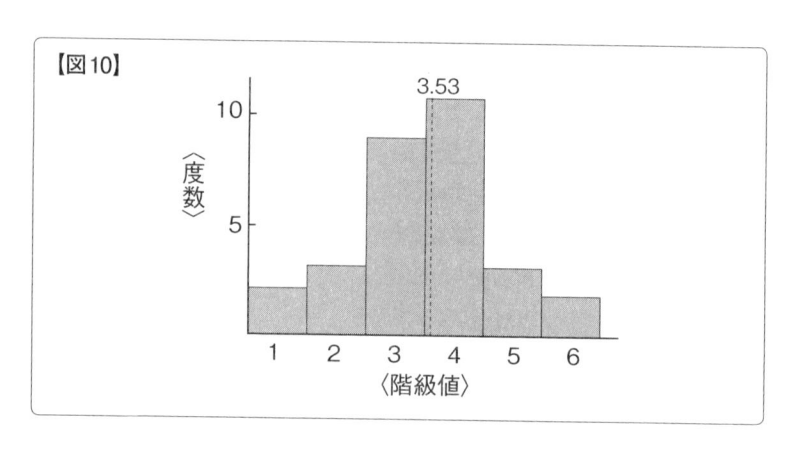

【図10】

　ヒストグラムに入った縦線は、平均値3.53を表したものである。もし、ほとんどのデータが平均値に集まっていたら、「バラツキのないまとまったデータでした」で話は終わってしまう。
　しかし、ヒストグラムを見ると、すべてのデータが平均値に集まっているわけではない。
　そこで、各データが平均値からどのくらい小さいのか、もしくはどのくらい大きいのかを書き出してみよう。

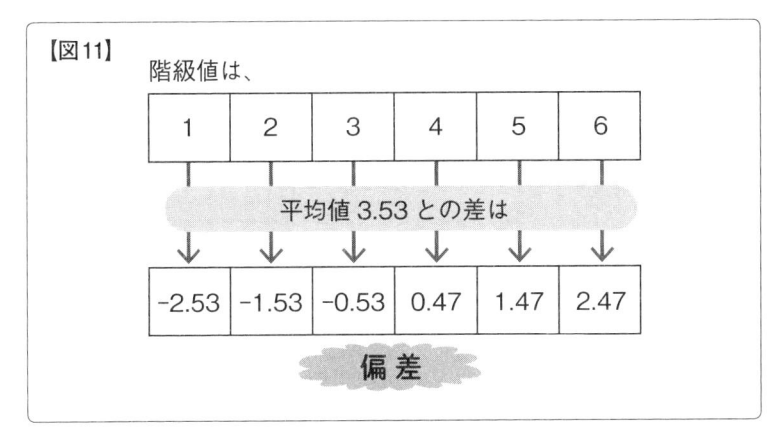

【図11】

階級値は、

| 1 | 2 | 3 | 4 | 5 | 6 |

平均値 3.53 との差は

↓ ↓ ↓ ↓ ↓ ↓

| -2.53 | -1.53 | -0.53 | 0.47 | 1.47 | 2.47 |

偏 差

　このように、データの数値と平均値との差を表す値を「偏差」という。

Point-1

（偏差）＝（データの数値）－（平均値）

　ただし、これは正確には、データのバラツキを表してはいない。それぞれのデータには、度数の差もあるのだから、その分も加味して考える必要がある。

　そこで、バラツキを明らかにするには、もう一過程必要だが、このまま計算を続けてしまうと面倒な点が1つある。

　偏差が、プラス・マイナスの表記になっていることだ。

　そもそも、たとえば、偏差が「－1」である場合と「1」である場合は、それぞれのデータと平均値との差に変わりはない。

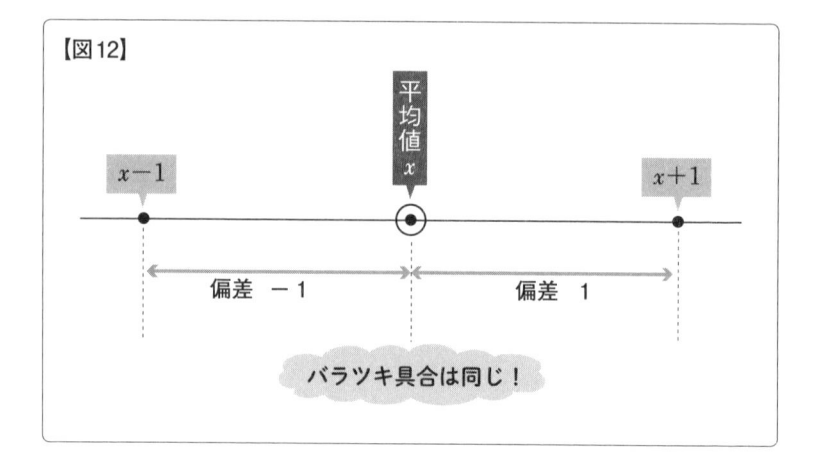

【図12】

平均値 x

$x-1$ ・・・・・・ $x+1$

偏差　－1　　　偏差　1

バラツキ具合は同じ！

　ところが、このままの数値で計算を続けてしまうと、両者が相殺しあって、値が小さくなりすぎてしまう。

　そこで、偏差を二乗にしてから、度数をかけ、その平均を計算する。

$$\frac{(-2.53)^2\times2+(-1.53)^2\times3+(-0.53)^2\times9+(0.47)^2\times11+(1.47)^2\times3+(2.47)^2\times2}{30}=1.4489$$

これが「分散」の値、つまりバラツキを表す値である。

　この式は次のように書き換えることができる。

$$(-2.53)^2\times\frac{2}{30}+(-1.53)^2\times\frac{3}{30}+(-0.53)^2\times\frac{9}{30}$$
$$+(0.47)^2\times\frac{11}{30}+(1.47)^2\times\frac{3}{30}+(2.47)^2\times\frac{2}{30}=1.4489$$

　平均値を求めたときの式（P.42）にそっくりであるに気づくだろうか。

　さらに、この式の「偏差の二乗」部分を、三乗や四乗に変

えるだけで、統計学のさまざまな要素を求めることができるのだが、上級者向けであるので、その点について本書で詳しく説明するのはやめておく。

統計学を駆使する人は、平均値の求め方を応用するだけで多くのことがわかるという事実だけ知っておいてほしい。

Point-2
分散＝「(偏差)² ×相対度数」の和

分散の値は、それが大きいほどデータにバラツキがあることを示し、小さければあまりバラツキがないことがわかる。

分散の大きい、小さいによって、ヒストグラムにも違いが表れる。

分散が大きいと、ヒストグラムは凸凹で統一感のないものになることがあるが、分散が小さい場合には、平均値に近いデータが多く、離れるほどに少なくなっていくような形のヒストグラムになる。

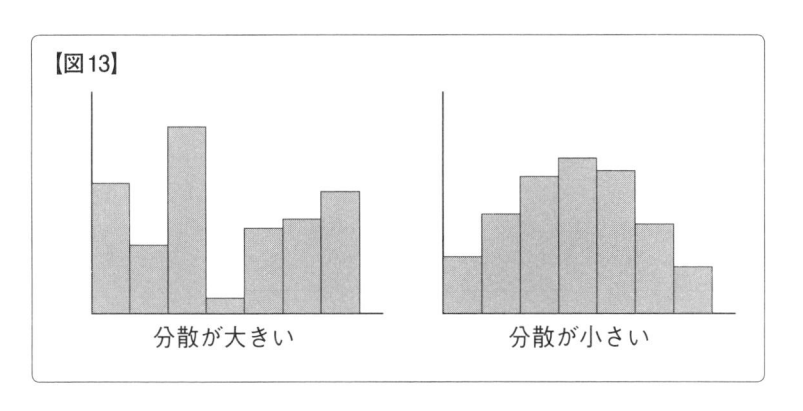

【図13】

分散が大きい　　　　　　分散が小さい

逆にいえば、統計学がわかる人間なら、集められたデータから平均と分散を求めることができれば、ヒストグラムがどうなるかはある程度想像がつく。

ダイレクトな数値を表す「標準偏差」

さて、分散によってデータのバラツキ具合はわかり、統計学的には問題ないのだが、数学的に考えてみると、ちょっと問題がある。

それは、計算の過程で偏差を二乗してしまっていることだ。面倒を避けるためとはいえ、これによって、導き出される分散の値は大きすぎるものになっている。

そこで、**大きくなりすぎた分散の値をもとに戻すべく、分散にルートをかけて導き出した値のこと**を「標準偏差」という。

英訳すると「Standard Deviation」となることから、統計学のテキストでは「S.D.」と表記されることも多い。

Point-3

標準偏差＝ $\sqrt{分散}$

標準偏差とは、データが平均値からどのくらい散らばり、離れているのかを、ダイレクトに表した数値になる。

偏差値の計算方法を知っている？

偏差値って、そもそも何？

　ここまで、統計学の初歩も初歩、はじめの一歩の半歩分くらいまで進んできたが、いかがだろうか？

　ラクラクついてこられただろうか？

　すでに、脱落しそうだろうか？

　数字アレルギー持ちにとっては、多少、ややこしい話が続いたと思われるので（かの担当編集者は、すでに遠い目をしている）、ここで私たちの身近にある代表的な「偏差」の話をしてみよう。

　「偏差値」についてである。

　中学、高校時代、テストのたびに「偏差値」なるものがついてきただろう。受験校を決める基準としても、偏差値は重視される。

　読者は偏差値について、どれほどのことを知っているだろうか。いい点をとれば高くなり、悪い点をとれば低くなることくらいは承知のはずだ。

　では、偏差値は最高でどのくらいまでの数値が出るか知っているだろうか？

　そもそも、どうやって偏差値が計算されているかを、知っているのだろうか？

　ちなみに、筆者は自分の模擬試験の結果に、偏差値90や100といった数字を見たことがある。

　極端な話、100点満点中、平均点が10点しかなかったひ

どく難しいテストで100点をとれば、その人の偏差値はものすごく高くなるのだ。

偏差値とは、文字通り「偏差」値だ。要するに、「標準偏差」を使った概念なのである。

ざっくりいえば、全体の平均点が「偏差値50」であり、平均より点数が高ければ偏差値は50以上、低ければ50以下になる。

では、偏差値はどのように求められるのか。

これには、しっかり決まった下のような式がある。

テストの点数をxとすると、

$$\text{偏差値} = \frac{x - \text{平均値}}{\dfrac{\text{S.D.}}{10}} + 50$$

という式（これは定義を表すので、定義式）で偏差値は求められる。

ここに、5人分のテスト結果がある。

【図14】

人	A	B	C	D	E
点数	x_1	x_2	x_3	x_4	x_5

このテストの平均点は、

$$\text{平均点} = \frac{x_1 + x_2 + x_3 + x_4 + x_5}{5}$$

となる。

つまり、テストの点数をすべて合計し、テストを受けた人の人数で割るわけだ。

このケースではデータが5つだけだからそれほどでもないが、実際のテストでは、何十、何百、何千もの数を足し算しなければならない。

足す数がいくつも続くと書くのが面倒だから、数学者はなんとか手短にしようと、下のような式を編み出した。

1章

$$平均点 = \frac{\displaystyle\sum_{i=1}^{5} x_i}{5}$$

数式にアレルギーがある場合は、こういうものなんだなと知っておく程度でいい。

もっとも、数式は曖昧性がなく、理解している人にとっては、言語を超えた存在であることは知っておいたほうがいい。

おそらく、宇宙人とのはじめての会話を可能にするのは、数学であろう。

そうした「崇高な言語」である数式を理解できないのは、かなりもったいないことなのだ。

さて、平均点は求められた。

次に問題になるのは、標準偏差（S.D.）である。

だが、すでにその求め方を学んだ読者には、なんてことはないはずだ。

データと平均からまずは分散を求め、それにルートをかければいいだけである。

また、この例の場合、点数のデータに対する度数はすべて1になるので、度数について考える必要はない。

以上を踏まえると、次のような式になる。

$$\text{分散} = \frac{(x_1-\text{平均点})^2+(x_2-\text{平均点})^2+(x_3-\text{平均点})^2+}{5}$$

$$= \frac{\sum_{i=1}^{5}(x_i-\text{平均点})^2}{5}$$

$$\text{標準偏差} = \sqrt{\text{分散}}$$

$$= \sqrt{\frac{\sum_{i=1}^{5}(x_i-\text{平均点})^2}{5}}$$

これで、必要なパーツは揃った。

あとは、平均点と標準偏差を、偏差値を求める公式に当てはめるだけで、自分の偏差値がわかる。

一見すると複雑な計算に見えるかもしれないが、やってみればそれほどでもない。

今はパソコンも便利なソフトも揃っている時代だからなおさらである。

ちなみに、私は大学における学生評価で偏差値を利用している。

科目によっては、一番上位のランクについて、一定割合以下にするという制限があるからだ。

テストの点を素点から、偏差値に換算しておけば、一番上位のランク評価を一定割合以下にするのは簡単である。

テストを Z 人が受けたとき

$$テストの平均点 = \frac{\sum_{i=1}^{Z} x_i}{Z}$$

$$テストの標準偏差 = \sqrt{\frac{\sum_{i=1}^{Z} (x_i - 平均点)^2}{Z}}$$

▌偏差値を計算してみよう

ただ、偏差値の定義式を見て疑問に思う人もいそうだ。

「なぜ、標準偏差を $\frac{1}{10}$ にするのだろう？」
「なぜ、最後に50を足すのだろう？」

前者は、標準偏差そのままの値で計算してしまうと、数が小さくなりすぎるからである。

後者は、平均点で「50」という数字がキリがいいからだ。

おそらく採点者のほうに「テストは100点満点」という意識が強く、一番点数のいい人でも偏差値80、90くらいの数値にするには、50を足すくらいがちょうどいいという感覚なのだろう。

一般的なテストで、点数にばらつきが出やすい科目というと、数学だろう。

仮に、標準偏差は20であったとする。

また、平均点は30点であった。

このテストで100点をとった人の偏差値はどうなるだろうか？

$$100点の人の偏差値 = \frac{100-30}{\frac{20}{10}} + 50$$

$$= 85$$

　このテストで100点をとった人の偏差値は「85」となるわけだ。では、0点だった人はどうなるだろうか？

$$0点の人の偏差値 = \frac{0-30}{\frac{20}{10}} + 50$$

$$= 35$$

　このように計算すると、0点の人の偏差値が「35」であることがわかる。

　ところで、平均点は同じだが、標準偏差が30であった場合、100点の人、0点の人の偏差値はそれぞれどのようになるだろうか？

$$100点の人の偏差値 = \frac{100-30}{\frac{30}{10}} + 50$$

$$\fallingdotseq 73$$

$$0点の人の偏差値 = \frac{0-30}{\frac{30}{10}} + 50 = 40$$

$$= 40$$

　このようになるわけだ。

　同じ点数、同じ平均点であっても、標準偏差、つまり点数のバラツキが異なることによって、偏差値も変わってしまうのである。

標準偏差で偏差値が上がる？ 下がる？

ところで、先の2つの場合の偏差値を比べたとき、文系諸君の中には奇妙に感じる人がいるようだ。

曰く、

「標準偏差が20から30に変わると、高得点の人は偏差値が下がるのに、点数の低い人は偏差値が上がっちゃうんですか？　どっちも上がるとか、下がるというならわかるんですけど……」

【図15】

標準偏差（S.D.）	0点の偏差値	100点の偏差値
20	35	85
30	40	73

↑
S.D.が上がると
偏差値が上がる

↑
S.D.が上がると
偏差値が下がる

なぜ？

とは、まえがきをはじめ、たびたびご登場いただいている、数字アレルギーの筆頭格である本書の編集担当者の弁である。

この感覚はまさに、統計学がわかっていない人、数学がわかっていない人特有のものだ。

私など、なぜそう思うのか、まったくもって、さっぱり理解できない。

標準偏差とは何かが、まったくわかっていない証拠だ。

読者の中にも同じような疑問を持った人がいたとしたら、次の図を見てほしい。

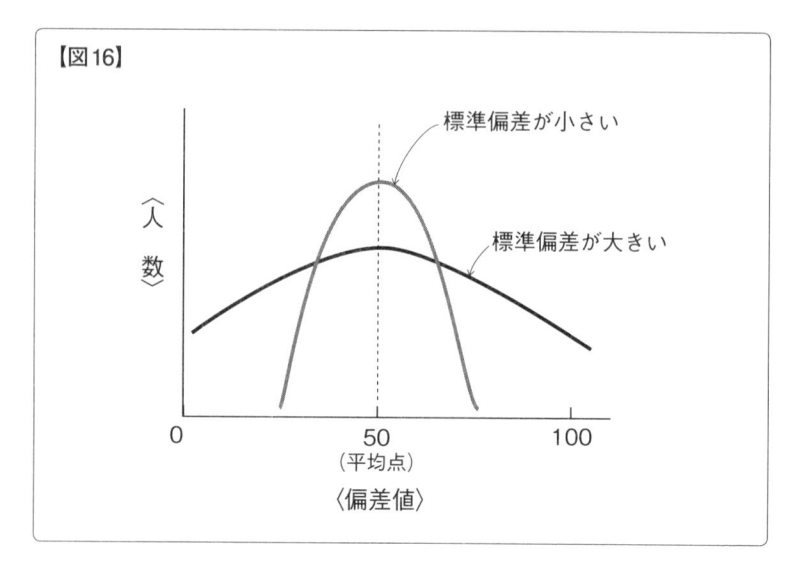

【図16】

〈人数〉

標準偏差が小さい

標準偏差が大きい

0　　　　　50　　　　　100
　　　　（平均点）
　　　〈偏差値〉

　これは、2パターンの試験結果について、偏差値とその偏差値をとった人の人数をグラフ化したものだ。

　基本的には、テストの平均点に近い点数をとる人たちがほとんどであり、極端に低い点数や、極端に高い点数をとる人は少ないため、平均点部分で盛り上がるようなグラフになるのである。

　ただし、図16の2つのグラフは形が異なっている。違いを生み出している原因は、標準偏差が異なるからだ。

　標準偏差とは、データのバラツキを表すものだ。

　つまり、標準偏差が大きければデータは大きくバラついていることになり、小さければさほどバラツキがないことになる。

　バラツキが小さいとは、テストのデータの場合、「平均点のあたりにデータが比較的まとまっている」ことを示す。

　逆にバラツキが大きければ、テストの点数は低い得点から高得点までまんべんなく散らばっていることになる。

標準偏差が小さいテストで0点をとる、もしくは100点をとることは、平均点から大きくズレることになる。

　要するに、両者とも希少性があるのだ。

　そのため、0点の人は極端に偏差値が低くなり、100点の人は極端に大きくなる。

　つまり、両者の偏差値の差も大きくなるのである。

　一方、標準偏差が大きいときは、逆のことが起きる。

　点数は平均点あたりには集まらず、散らばるため、0点や100点でも、平均点とのズレは相対的に小さくなる。

　だから、0点と100点との偏差値の差も縮まり、近い数字になるわけだ。

　数字だけではわかりにくいという人は、こうして図にしてみるとピンとくることもあるだろう。

　ちなみに、数学のできる人というのは、数字を見れば、同時に頭の中に図を描ける。

▌たった一度のテストで学力は測れない

　さて、大多数の人が学生時代には苦しめられたであろう憎き偏差値について紐解いてきた。

　学生たちは、志望校に合格できるかどうかを確認する目的で、もしくは腕試しのために、全国で行われる統一模試を受ける。

　結果から提示される自分の偏差値を見て、一喜一憂するわけである。

　しかし、模試でわかるのはあくまで推計である。

　入学試験の本番は一度しかない。

　どれほど成績優秀でも、そうでなくとも、やってみなけれ

ば結果はわからないというのが、正しいといえば正しい。

それでも、本番の結果をなるべく正確に推計できるようにと思うのであれば、大事なのは、継続して"同じ"模擬試験を受け、すべての結果について、その偏差値の推移を確かめることである。

"同じ"というのは、だいたい同じような人たちが受けると考えられる、という意味である。**調査対象となる全体のことを、統計学では「母集団」と呼ぶ。**

この母集団が同じであるほうが、各模試の偏差値の推移が、自分の学力の推移をより確かに示してくれる。

世の中にはいろいろな人がいるものだが、成績について大きく分類するなら2パターンある。

一つは、どのテストもある程度同じくらいの点数を取るパターン。

もう一つは、点数が上がったり下がったりと安定しないパターンである。好不調が激しいわけだ。

まずは、自分がどちらのパターンに該当するのか、知る必要がある。

方法は簡単だ。

これまで受けた模試の偏差値について平均値を出し、さらに標準偏差を出してみればいいのだ。この2つがわかれば、自分の実力が見えてくる。

平均値でわかるのは、模試を受けた期間内では、自分の偏差値がどれくらいだったかということだ。

いいときも、悪いときも含めて、ほぼどれくらいかがわかる。

標準偏差は、偏差値のバラツキを教えてくれる。

バラツキが少なければ、テストごとの結果は同じくらいと

いうことだ。

　逆にバラツキが大きければ、浮き沈みが激しいということになる。

　その時々の模試の結果こそ、現在の自分の学力であると考える人もいるだろう。

　確かに模試というのは、母集団が大きければなおさら、全体の中での自分の位置を確かめるためには有益だ。

　だが、模試の結果というのは要するに、模試を主催している学習塾なり何らかの団体が持つ、これまでのテストデータの蓄積から、

　「偏差値がこのくらいあれば9割方は合格する」

　という判断のもとに、A判定なりB判定なりを出しているわけである。

　仮に点数の浮き沈みが激しい、つまり出来の良し悪しがテストによって大きく変わる人が、自分のパターンを知らずに毎度のテスト結果を受け取れば、テストの度に一喜一憂するだけで終わってしまう。

　次の模試、もしくは本番がどうなるか、まったく予測できないことになるわけだ。

　パターンがわかっていれば、「次は不調の波がきそうだ」「本番に好調の波をもってくるには、どうすればいいだろうか」という対策の立てようもある。

　また、それまではさほど点数が高くなかったのに、あるとき驚くほどいい点数を取ってしまう……ということがある。

　「これまでの努力がようやく実を結んだのだ！」

　と大喜びするかもしれないが、必ずしもそうとはいえない。

　世の中には、まぐれ当たりというものがあるからだ。

もちろん、まぐれが本番の入試に出れば、運も実力のうちということで万々歳だが、模試でのまぐれ当たりを「実力だ」と勘違いしてしまうと、後々の結果に響く。

　こういうときこそ、統計学がものをいう。

　これまでのテスト結果の平均値と標準偏差を出せば、まぐれの高得点は薄まり、より実力に近い結果を導き出せる。

　誤解なく、思い込みでも、なんとなくでもなく、きっちりと数字で実力を把握することができる。

　覚えておいてほしいのは、**たった一度のテスト結果だけでは、良くても悪くても、案外あてにならない**のである。

　直近のテスト結果を「現在の学力」と捉えると、かえって自分の実力を正確に把握できない。

　継続して結果を追っていき、最新の結果が出るたびに平均値と標準偏差を割り出して、自らの学力パターン、学力の推移をしっかりと把握していくのが、実力をより正確に測るためには最適の方法である。

　もっといえば、テストというのは得点に一喜一憂していても仕方がない。

　なぜなら、優しい問題が出ればみなが高得点を取るし、難しい問題が出れば、みなの点数が悪くなるのである。

　自分がいつもよりいい点を取ったときには、「実力が上がった」と考える前に、「みんなもいい点を取っているのでは？」と冷静に考える必要があるのだ。

　点数が悪かったからといって落ち込むのではなく、「問題が難しかったのかもしれない」「平均点は何点くらいなのか」を把握してから、その点数の良し悪しを判断したほうがいい。

　つまり、**「偏差値」を見ろ**ということだ。

憎き偏差値も、こうして統計学的な考え方を踏まえて見れば、その有用性がわかるだろう。

　正しい付き合い方がわかれば、自らの学力アップのための頼もしい味方になってくれるのだ。

2章

正規分布

——もっともポピュラーな 「分布の王様」

「正規分布」とは？

▎左右対称の山のようなグラフ

　分析し、理解するためにデータを集めるとき、それらは往々にしてまちまちになるものだ。

　すべてのデータがきれいにぴったり揃ったり、明らかな整合性を持っていたりはしない場合が多い。不確実であることが、一般的なのである。

　これを「データの分布」と呼ぶ。

　分布したデータを理解するために必要とされるのが、1章で解説した平均値や標準偏差だ。

　データの分布を理解するための要素を理解したところで、次は統計学において、もっともポピュラーなデータの分布といえる「正規分布」について解説していきたい。

　正規分布とは、いわば分布の王様。もっとも代表的な分布である。

　では、どのようなデータの分布を「正規分布」と呼ぶのか。

　見てもらうのがわかりやすいだろう。

　図17のように、正規分布はグラフにすると一つの左右対称な山のような図形を描く。

　また正規分布となるデータは、平均点を境にして、その前後に同じようにデータが散らばる。その散らばり方にも特徴がある。

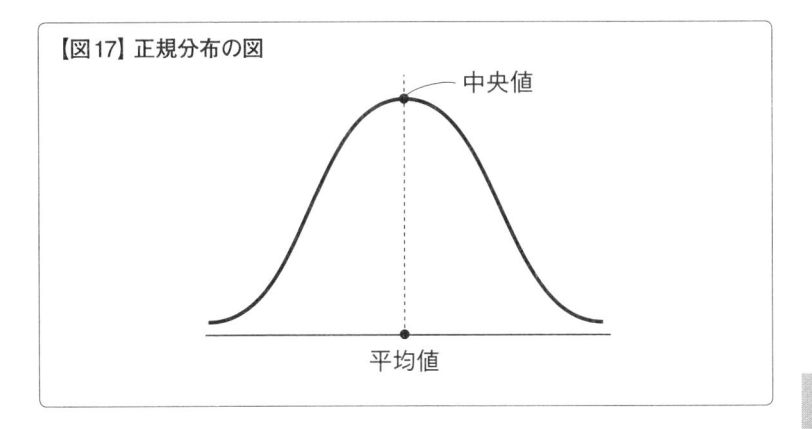

【図17】正規分布の図

中央値

平均値

図からもわかるように、平均値とグラフの頂点はほぼ一致する。

グラフの頂点のことを「中央値」という。

平均値の度数、つまり中央値がもっとも高く、そこから左右の両側に、同じようになだらかな曲線を描きながら、グラフは下に降りていくのである。

そして、どのような曲線を描くかを左右するのは、標準偏差、つまり分散にルートをかけた数値なのである。

どのようなデータが「正規分布」になるのか

正規分布が分布の代表格として扱われるのは、自然界や人間社会において観測されるデータに、この分布がよく現れるからである。

もちろん、すべてというわけではない。

正規分布は、いろいろな要素がいくつも絡みあうような現象において見られる傾向がある。

たとえば、身長。

「身長がどのくらい伸びるか」を決めるのは、親からの遺伝だけのように思うかもしれないが、実際はそうでもない。

食生活や、育った環境、経験したスポーツなど、多くの要因が絡み合って決まる。

　また、遺伝であっても、父親の遺伝子が強く出るか、母親の遺伝子を受け継ぐかによって、子どもの背の高さは変わってくるだろう。どちらに転ぶかは誰にもわからない。

　このように、**要因が多すぎる、または非常に偶然性が高いデータは、正規分布になりやすい。**

　足の速さもそうだ。

　俊足の持ち主かどうかは、親からの遺伝によるところが大きいが、その遺伝子を受け継げるか、受け継げないかは偶発的である。誰の意図も介入できない。

　結果、世の中には、足の速い子も遅い子もまんべんなく存在することになるため、正規分布になるのである。

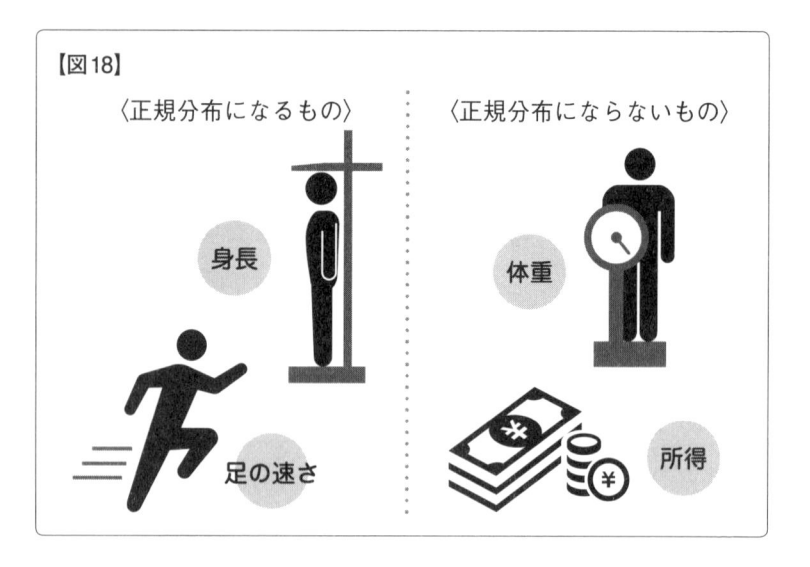

【図18】

〈正規分布になるもの〉　　　〈正規分布にならないもの〉

身長　　足の速さ　　体重　　所得

　一方、「体重」は、正規分布になりにくい。

　体重を大きく左右するのは、生まれもった因子の影響より

も、生まれてからの食事量や運動量だろう。

後天的な要因が強いデータは正規分布になりにくい。

　正規分布にならない典型例は「所得」である。

　所得は偶然性が低い。一度所得が上がると、さらに多くなる傾向がある。

　逆に、所得の低い人が、より高い所得を手にするのは大変だ。

　持てる人は持ち、持たぬ人はなかなか手に入れられないのがお金というものだ。

　さらに、持てる人は限られている。

　一方、持たざる人は多数いる。

　つまり、所得の分布をグラフにすると、中央値は左に大きくズレることになり、平均値とも一致しないのである。

　図19のように、所得の分布は、正規分布にならないのだ。

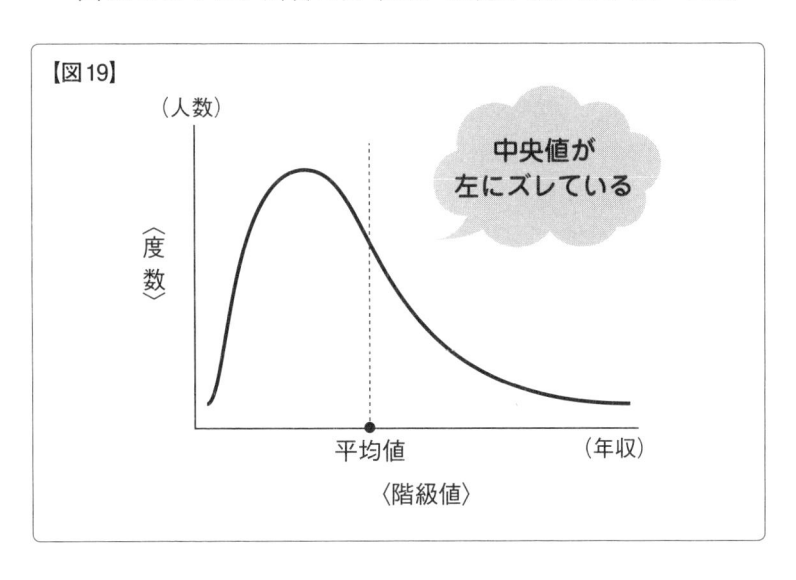

【図19】

（人数）

〈度数〉

中央値が
左にズレている

平均値

（年収）

〈階級値〉

▌「平均値」と「分散」が重要なワケ

正規分布を見るとき、重要な鍵となるのは「平均値」と「分散」である。

とくに、分散にルートをかけて「標準偏差」の値を出しておくと、正規分布をよりわかりやすく読み取ることができる。

なぜなら、どのような平均値、どのような標準偏差の値であっても、それが正規分布であるならば、すべてが同じ性質を持つからである。

図20を見てほしい。

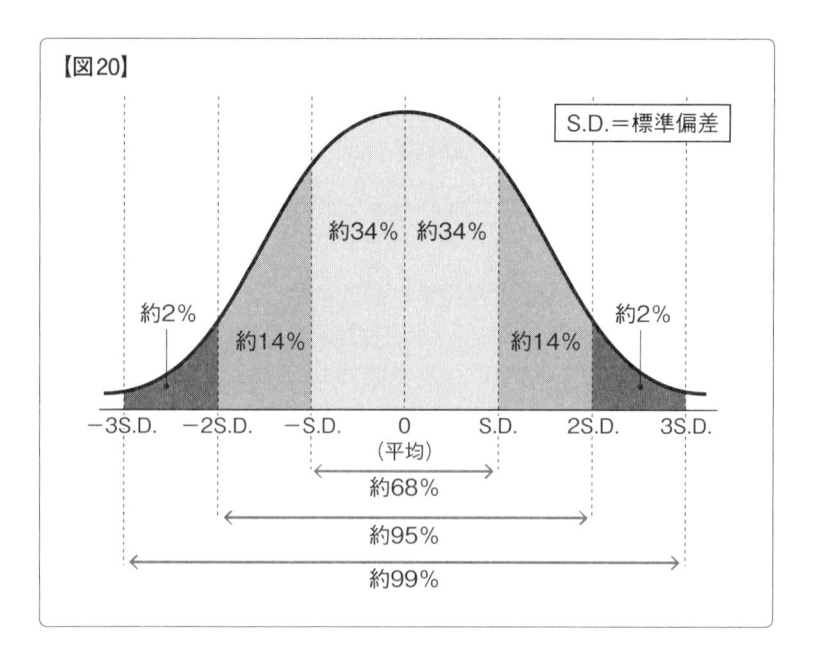

【図20】

S.D.＝標準偏差

約34%　約34%

約2%　約14%　約14%　約2%

−3S.D.　−2S.D.　−S.D.　0（平均）　S.D.　2S.D.　3S.D.

約68%

約95%

約99%

この図がすべてを表しているのだが、わからない人たちのために解説しよう。

正規分布であるデータを見るとき、注目したいのは、「そ

のデータが平均値から標準偏差の何個分の範囲内にあるか」という点である。

実は、正規分布には、

平均±標準偏差1個分の範囲に、全体の約68%が含まれる
平均±標準偏差2個分の範囲に、全体の約95%が含まれる
平均±標準偏差3個分の範囲に、全体の約99%が含まれる

という特徴があるのだ。
この性質が、なぜ「わかりやすさ」につながるのか。
具体的な数値を入れて考えてみよう。

ここに、20歳男性の身長のデータがある。このデータは正規分布であり、平均値は170、標準偏差は5とわかっているとしよう。図は次のようになる。

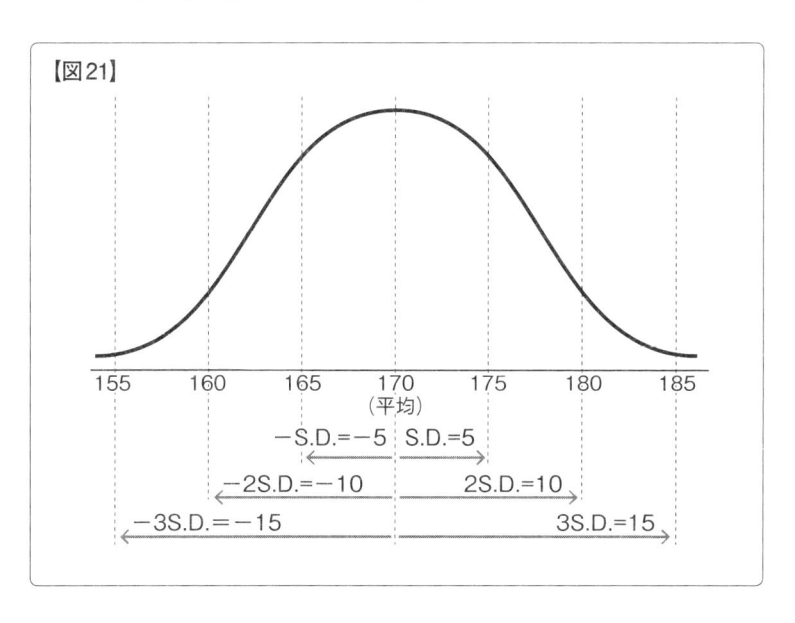

【図21】

正規分布の性質を踏まえてこのグラフを読み解くと、

　165cm〜175cmの範囲内に全体の約68％が収まる
　160cm〜180cmの範囲内に全体の約95％が収まる
　155cm〜185cmの範囲内に全体の約99％が収まる

ということがわかるのだ。
　また、範囲の内訳が決まっていることによって、次のような読み解き方も可能だ。

　「183cmの人は、身長の高い方から２％内に入る」
　183cmの人は、180〜185cmの階級値に入る。この部分に該当するのは、図18から全体の約２％とわかるので、「身長の高い方から約２％内に入る」といえる。

　「身長が175cmより高い人は、全体の約16％である」
　175cmより高い人とは、図19で考えると、３S.D.（170cm〜185cmの範囲）から、S.D.（170cm〜175cm）の範囲を引いた部分になる。
　図18を見ると、該当する部分は約16％になるとわかる。

　全体のデータ数がわかっていれば、
　「175cm〜180cmまでの範囲に、何人の人がいるか」
ということもわかるだろう。

　正規分布は、その性質がかなりの程度まで証明されつくしているのだ。
　だからこそ、**そのデータが「正規分布である」とわかるだけで、さまざまな計算や分析が、やりやすくなるという便利でありがたい分布**なのである。

ガウスが証明した「標準正規分布」

■「誤差」とは何か

　「正規分布」について観測値の誤差の振る舞いが、それに従うと最初に証明したのは、ドイツの数学者ガウスである。

　18世紀から19世紀にかけて活躍したガウスは、数学はもとより、物理学においても天文学においても、多大なる功績を残した万能の天才であった。ドイツは、その天才に敬意を表して、昔の10マルク紙幣に、正規分布を描いたほどだ。

　当時、食い扶持を稼ぐために天文台の館長をしていたガウスは、望遠鏡で星を観測し、位置や距離を測定する仕事をしていた。

　すると、数値がどうしてもぴったりと合わないことがあると気づいた。

　常に誤差があったのである。

　そこでガウスが「誤差」について研究した結果、導き出されたのが「正規分布」だった。

　なぜ、「誤差」に注目することが重要だったのだろうか。

「誤差」について考えるとき、射撃を例に考えるとわかりやすくなる。

射撃の経験がある人は少ないだろうが、ここでは的に向かって射撃をするケースを考えてほしい。

的はシンプルな円形のもので、弾丸が当たれば撃ち抜かれる。的の中心部分を狙うと高得点を取ることができ、中心から離れるほど、点数は低くなる。

当然、射撃をする人は、ど真ん中を狙うだろう。

ただ、10発も20発も射撃すれば、どれほどの射撃の名手であっても、すべての弾丸を寸分たがわずまったく同じ位置に打ち込むことは不可能だ。

弾丸の跡は、少しずつズレる。

この**ズレ**が「誤差」なのである。

ズレが生じる理由はいくつも考えられる。

銃が重すぎて腕がぶれたのかもしれないし、風が影響したかもしれない。

何らかの気持ちの動揺が、手元を狂わせたのかもしれない。

予測はつかないが、さまざまな要因が関係しあって、ズレが生じたのだと考えられる。

また、どのくらいのズレが生じるかは、射撃する人の腕にもよるだろう。

下手な人であれば、弾丸はあちこちに飛び散り、的に当たらないことだってあるかもしれない。

では、上手な人はどうだろうか。

先にもいったように、まったく同じ場所に何発も打ち込むことは不可能に近い。だが、弾丸はズレつつも、中心部分に集まる。たまには大きく外すこともあるかもしれないが、中心に当たる回数よりは頻度が少なく、弾丸の大半は中心に集

中するだろう。

　何発もの銃弾を的に当てたとき、当たって撃ち抜いた部分を点で表せば、たいていは図22のようになるだろう。

　点は中央に集中するが、誤差が出るので1つの点には収まらない。無数の点が中心部分に集中し、重なり合って、そこにぽっかり穴が空いたようになるだろう。

　一方、的の中心から離れた部分には、点がポツポツとまばらに散るだけである。

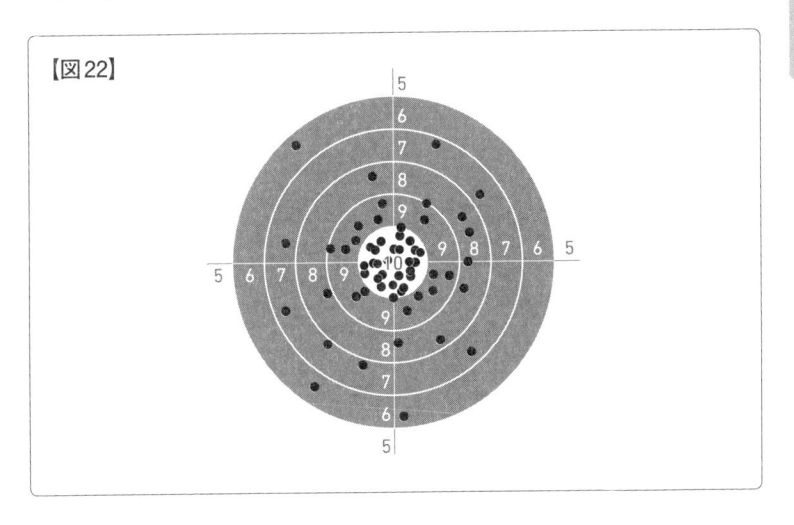

【図22】

　誤差があるから、集中する部分はあっても1点にはならず、あちこちを撃ち抜くのである。

　誤差の存在を表すこの図を、数学的に横から見たり、縦から見たり、輪切りにしてみたりして分析し、無数の弾丸の軌道についてのデータをヒストグラムにしてみると、最終的には図23のような形のグラフを描ける。

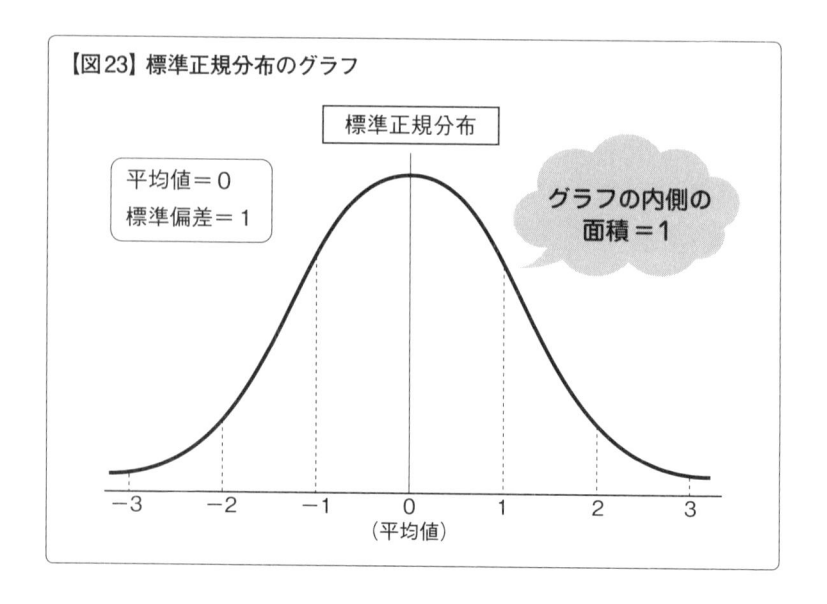

【図23】標準正規分布のグラフ

標準正規分布

平均値＝ 0
標準偏差＝ 1

グラフの内側の
面積＝1

-3 -2 -1 0 1 2 3
（平均値）

　これが「標準正規分布」のグラフである。

　ちなみに、数学的にどう考察したらこの図のヒストグラムが描けるのかは、考えなくていい。ガウスが代わりに、きっちり証明してくれている。
　中学・高校レベルの数学知識で理解するのは難しいから、「そういうものだ」と信じればいいのである。
　ちなみに、ガウスの正しさについては、世の数学者がすでに確認済みなので安心していい。

▎「標準正規分布」はなぜ特別なのか

　さて、誤差を分析することによって「標準正規分布」を導き出すことに成功した。
　この「**標準正規分布**」とは、一体何か？
　一言でいえば、**特別な分布**である。

詳しくいえば、「平均値が０、標準偏差が１となる正規分布」のことである。

　もっと数学的に解説するのであれば、**標準正規分布の相対度数は、グラフの内側の面積から求めることができる。**その数式は、

$$f(x) = \frac{1}{\sqrt{2\pi}} \exp\left(-\frac{x^2}{2}\right)$$

という大変美しいシンプルな式で表せる。

　もっとも、この数式を理解するのは難しいだろうから、無駄な努力はしなくていい。覚えなくてもいい。

　標準正規分布を表す数式があることだけは、知っておくといいだろう。

　そもそも、標準正規分布における相対度数、つまりグラフの面積は、すでに0.01きざみで計算され、「標準正規分布表」としてまとめられているのだ。

　だから、わざわざ数式を使って計算する必要はない。

　次のページで紹介する図24は標準正規分布表の一部だが、実はこの表には３つの種類がある。

　どう違うのかといえば、その表によって求められるグラフの面積の部分が異なっているのだが、基本的にはどの標準正規分布表を用いても構わない。

標準正規分布表
（Standard Normal Distribution）

表中の数字は、全体の面積を 1.0 としたときの、
X=0 から X までの面積を表します。

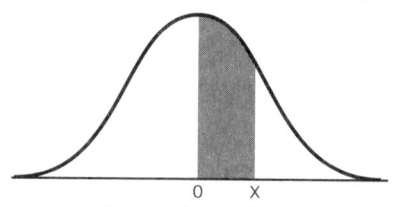

たとえば X=1.00 の場合は「.3413」となり、斜線の部分の
面積が全体の 34.13% であることがわかります。

X	0	0.01	0.02	0.03	0.04	0.05	0.06	0.07	0.08	0.09
0.0	.0000	.0040	.0080	.0120	.0160	.0199	.0239	.0279	.0319	.0359
0.1	.0398	.0438	.0478	.0517	.0557	.0596	.0636	.0675	.0714	.0753
0.2	.0793	.0832	.0871	.0910	.0948	.0987	.1026	.1064	.1103	.1141
0.3	.1179	.1217	.1255	.1293	.1331	.1368	.1406	.1443	.1480	.1517
0.4	.1554	.1591	.1628	.1664	.1700	.1736	.1772	.1808	.1844	.1879
0.5	.1915	.1950	.1985	.2019	.2054	.2088	.2123	.2157	.2190	.2224
0.6	.2257	.2291	.2324	.2357	.2389	.2422	.2454	.2486	.2517	.2549
0.7	.2580	.2611	.2642	.2673	.2704	.2734	.2764	.2794	.2823	.2852
0.8	.2881	.2910	.2939	.2967	.2995	.3023	.3051	.3078	.3106	.3133
0.9	.3159	.3186	.3212	.3238	.3264	.3289	.3315	.3340	.3365	.3389
1.0	.3413	.3438	.3461	.3485	.3508	.3531	.3554	.3577	.3599	.3621
1.1	.3643	.3665	.3686	.3708	.3729	.3749	.3770	.3790	.3810	.3830
1.2	.3849	.3869	.3888	.3907	.3925	.3944	.3962	.3980	.3997	.4015
1.3	.4032	.4049	.4066	.4082	.4099	.4115	.4131	.4147	.4162	.4177
1.4	.4192	.4207	.4222	.4236	.4251	.4265	.4279	.4292	.4306	.4319
1.5	.4332	.4345	.4357	.4370	.4382	.4394	.4406	.4418	.4429	.4441
1.6	.4452	.4463	.4474	.4484	.4495	.4505	.4515	.4525	.4535	.4545
1.7	.4554	.4564	.4573	.4582	.4591	.4599	.4608	.4616	.4625	.4633
1.8	.4641	.4649	.4656	.4664	.4671	.4678	.4686	.4693	.4699	.4706
1.9	.4713	.4719	.4726	.4732	.4738	.4744	.4750	.4756	.4761	.4767
2.0	.4772	.4778	.4783	.4788	.4793	.4798	.4803	.4808	.4812	.4817
2.1	.4821	.4826	.4830	.4834	.4838	.4842	.4846	.4850	.4854	.4857
2.2	.4861	.4864	.4868	.4871	.4875	.4878	.4881	.4884	.4887	.4890
2.3	.4893	.4896	.4898	.4901	.4904	.4906	.4909	.4911	.4913	.4916
2.4	.4918	.4920	.4922	.4925	.4927	.4929	.4931	.4932	.4934	.4936
2.5	.4938	.4940	.4941	.4943	.4945	.4946	.4948	.4949	.4951	.4952
4.7	.49999	.49999	.49999	.49999	.49999	.49999	.49999	.49999	.49999	.49999
4.8	.49999	.49999	.49999	.49999	.49999	.49999	.49999	.49999	.49999	.49999
4.9	.499995	.499995	.499995	.499995	.499995	.499995	.499995	.499995	.499995	.499995
5.0	.499997									

引用文献：成実清松、坂井忠次　1952　数理統計学要説　倍風館

参考ページ　https://www.koka.ac.jp/morigiwa/sjs/standard_normal_distribution.htm

標準正規分布表の読み解き方には、ちょっとコツが必要だ。

図24の表の一部を拡大した図25の表を使って解説してみよう。

たとえば、「X＝0.34」の場合、表の縦軸の「0.3」と、横軸の「0.04」が交わる部分、つまり「0.1331」という数値になる。

これは、グラフにおける平均点からXまでの面積が、全体の「13.31％」であることを示すのだ。

逆の見方もできる。

「全体の20％にあたるXの値」について求めたいときには、表の中から0.2000にもっとも近い数値を探る。すると「0.1985」がこれに該当するとわかる。

この数値を左に、さらに上へとたどっていくと、「0.5」と「0.02」という数値が交差するところにあるとわかる。つまり、「X＝0.52」だとわかるのだ。

【図25】

X	0	0.01	0.02	0.03	0.04	0.05	0.06
0.0	.0000	.0040	.0080	.0120	.0160	.0199	.0239
0.1	.0398	.0438	.0478	.0517	.0557	.0596	.0636
0.2	.0793	.0832	.0871	.0910	.0948	.0987	.1026
0.3	.1179	.1217	.1255	.1293	.1331	.1368	.1406
0.4	.1554	.1591	.1628	.1664	.1700	.1736	.1772
0.5	.1915	.1950	.1985	.2019	.2054	.2088	.2123
0.6	.2257	.2291	.2324	.2357	.2389	.2422	.2454
0.7	.2580	.2611	.2642	.2673	.2704	.2734	.2764
0.8	.2881	.2910	.2939	.2967	.2995	.3023	.3051

もっとも、「標準正規分布表」を駆使して何某かの統計学的な計算を行うことを、今の段階で考える必要はない。

ただ、読者がわかっておくべきことは「標準正規分布」が、

平均値＝0
標準偏差(S.D)＝1

という特徴をもつ正規分布であり、その相対度数はすでに
明確になっているという点である。

これが何を意味するか。
ある現象についてのデータが集まったとき、そのデータの
分布が「標準正規分布である」とわかれば、統計学的な分析
は容易になるということなのだ。

▍データを「正規化」する

ただし、世の中にそう都合よく、標準正規分布になるよう
な現象がゴロゴロ転がっているはずがない。
データがないのであれば、いくら容易に計算できる便利な
分布だからといって役には立たないではないか？

いいや、大いに役立つのである。

ただ、役立たせるためには、一つ手順を踏む必要がある。
それが「正規化」という手順だ。

なぜ「正規化」というのか？
言葉にどのような意味があるのか？
気になるかもしれないが、そんな余計なことは考えなくて
いい。
正規分布であることがわかっているデータを「正規化」す

るのは、統計学の初歩かつ基本だ。

では、そもそも「正規化」とはどうやればいいのだろう？
簡単である。
次の式にデータを当てはめればいい。

データXが正規分布であるとき、

$$Y = \frac{X - Xの平均値}{XのS.D.}$$

という計算によって、XをYに変換する。
これが正規化である。

なぜ、この計算によって「正規化」が完了するのか？
何度もいうが、難しいことは考えなくていいのだ。
　幸いにも過去の賢い学者が、この事実を突き止めてくれた。
その過程を理解することは、数学的に大変おもしろいことで
はあるが、並大抵のレベルではない。
　無駄に悩むより、「こういうものなのね」と思っておけば
いい。

では、なぜ正規化する必要があるのか。
これは重要な点だ。

何らかの現象についてデータを集めれば、それらはバラツ
キのある分布になることは先にも説明した。
　いくつかのデータの集まりがあり、それらすべてが正規分
布であったとしても、集まったデータそれぞれの「平均値」
や「標準偏差」は異なるため、描かれるグラフの形にも違い
が生じる。

ところが、である。

どのようなデータであっても、それが「正規分布」であるなら、「正規化」することによって、同じような特徴をもち、同じような形のグラフを描くデータへと変換できるのである。

正規分布するデータXを正規化し、変換されたYというデータの分布は、いずれも、

平均値＝0
S.D.(標準偏差)＝1

という特徴を持つ。

どのようなデータであっても、正規化することで、必ずこの条件を満たすデータに変換される。

さて、この条件に見覚えはないだろうか？
そう。
標準正規分布の特徴と合致するのだ。

つまり、データが正規分布している場合、これを正規化することによって、標準正規分布と同じ特徴を持つデータに変換することができる。

正規化することで、よりシンプルに、簡単に、データを理解することができるようになる。

だから、標準正規分布は重宝されるわけである。

もっとも、何がどう役に立つのかピンとこない読者もいるかもしれない。そこで、問題を一つ用意してみた。ぜひチャレンジしてみてほしい。

【図26】

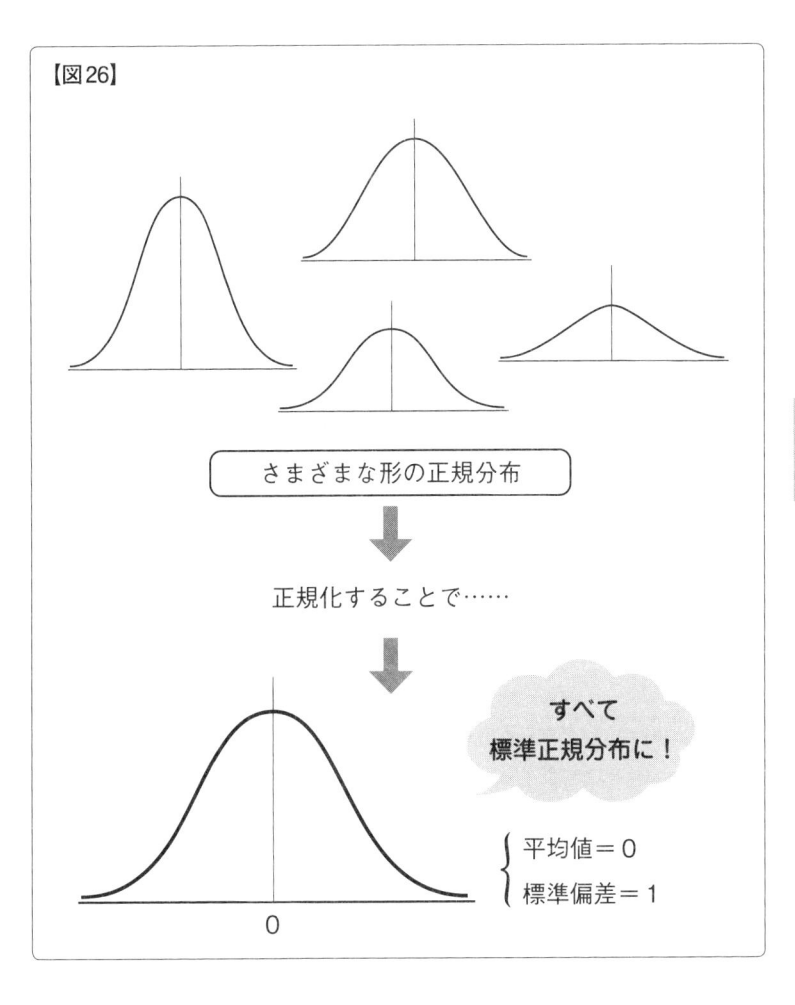

さまざまな形の正規分布

↓

正規化することで……

↓

**すべて
標準正規分布に！**

$$\begin{cases} 平均値 = 0 \\ 標準偏差 = 1 \end{cases}$$

あるクラスで行われたテスト結果は、平均点が76点、標準偏差が12の正規分布であることがわかった。このとき、85点以上を取った人の割合は何％になるだろうか。

どのように解くかを考える前に、とりあえずこれまでの知識でできることをやってみよう。

つまり「正規化」である。次のような式だ。

$$Y = \frac{X - X\text{の平均値}}{X\text{のS.D.}}$$

この場合、Xに当てはまるのは「85」になるわけだから、

$$Y = \frac{85 - \text{平均値}76}{\text{S.D.}12} = 0.75$$

Yは0.75であるとわかった。

この数字を標準正規分布表にあてはめればいい。

P77に戻って図25をもう一度みてみよう。

0.75の数字は「0.2734」であることがわかる。

ここで、85点以上を取った人の割合は、約27％……だと思った人は、ちょっと待ってほしい。

実は、図25の標準正規分布表は、図27の平均値0からYまでのうすい灰色のアミカケ部分の面積を表しているのだ。

つまり、ここで求めるべきは、ここには該当しない。

図27のZの部分である。

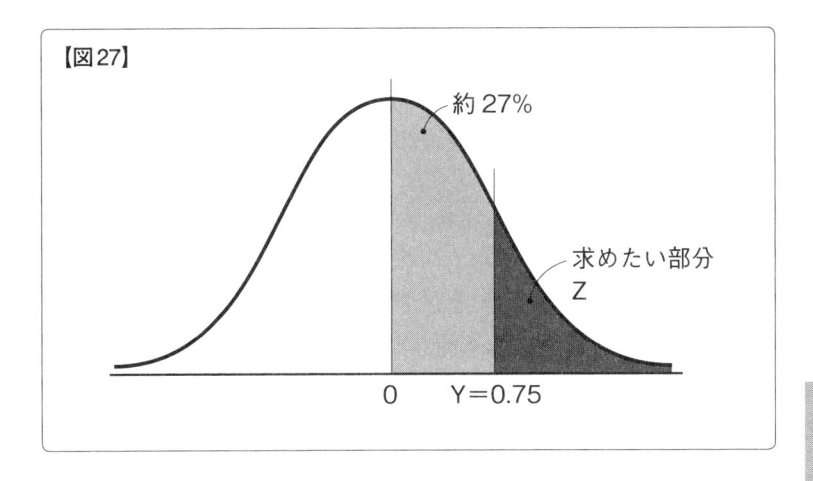

【図27】

約27%

求めたい部分
Z

0 　Y＝0.75

　そこで、もう一段階、計算が必要だ。

　標準正規分布のグラフ内の面積は常に１、つまり100％である。

　図は左右対称であるから、右半分の面積は50％。つまり、求めたいＺ部分の面積の割合は、

$$Z＝50－27＝23$$

となるのだ。つまり、このテストで85点以上の点数を取った人の割合は、約23％ということになる。

　ちなみに、この問題は３種類ある標準正規分布のうち、別の一つを利用すれば、最後の計算をしなくても、すぐに答えは出る。

　ただ、標準正規分布の性質をきちんと理解していれば、どの表を使っても答えを導き出すことは可能なのである。

正規分布が統計学をラクにする理由

▌統計学はまず「仮定」を立てる

正規分布、標準正規分布について、理解できただろうか。

数式やグラフが続き、さらには問題まで解いたのだから、そろそろ疲れを感じてしまった読者もいるかもしれない。

正規分布について、一通りの基本は説明したので、少し話題を変えてみよう。

ここまで何度も、

「集まったデータが正規分布であれば……」といういい回しを使ってきた。

統計学の問題では、

「このデータは正規分布に従う」

といった文言がよく登場する。

「従う」とは、つまり正規分布になっていますよ、を意味する、統計学特有の言葉だ。

だから誤解されそうなのだが、実際に統計学によってデータを分析するとき、平均値や標準偏差を明らかにした上で、

「では、次はこれが正規分布であるかを確かめよう」

という作業の流れになるかというと、それは非常に難しいことなのである。

確かに、統計学のプロともなれば、分布を前提としない統計学を実践することもあるが、これは専門的すぎる。

初歩の段階で理解することは難しいし、多少統計学をかじった程度の人であっても、駆使するのは困難だ。

だからこそ、統計学では、一番わかりやすく扱いやすい正規分布を最初に学ぶのだともいえる。

　身長や所得など、それが正規分布するか、それともしないのか、すでに明らかになっている場合はいいのだが、どちらかわからないデータに関しては、
「おそらくは正規分布になるだろう」
と仮定してから、分析をはじめることが多い。

　正規分布と仮定することによって、計算はラクになるし、分析もしやすい。
　しかし、場合によってはその仮定が大間違いだったと、あとになってわかることもある。

　ただ、さまざまな要因が重なり、偶然性が高ければ高いほど、正規分布に近づくことはわかっている。こうした条件というのは他の分布にはなく、だからこそ正規分布はより正確に仮定しやすいともいえるのだ。
　同時に、正規分布でないだろうという仮定も、立てやすいのである。

　ちなみに、経済や社会についての統計には、正規分布でないものが多い。
　要するに、統計学をビジネスに応用したいと考えている人にとっては、あまり正規分布には活躍の場を見い出せないだろう。

　前述したように、ビジネスにおいては、バイアスのかかった情報・データほど価値がある。
　偶然やまぐれ当たりのデータを集めても、あまり参考には

ならない。つまり、正規分布と相性が悪くて当然なのだ。

逆に、正規分布がよく登場するのは、自然科学の分野である。現象に関わる要因が多数あり、どんな人の意図も働かない部分が多いためだ。

また、練習問題で取り上げておいて何だが、実はテストの成績というのも、正規分布にはなかなかならない。

図28のように、山が二つできるようなグラフを描くことが多い。これを「二極化」という。

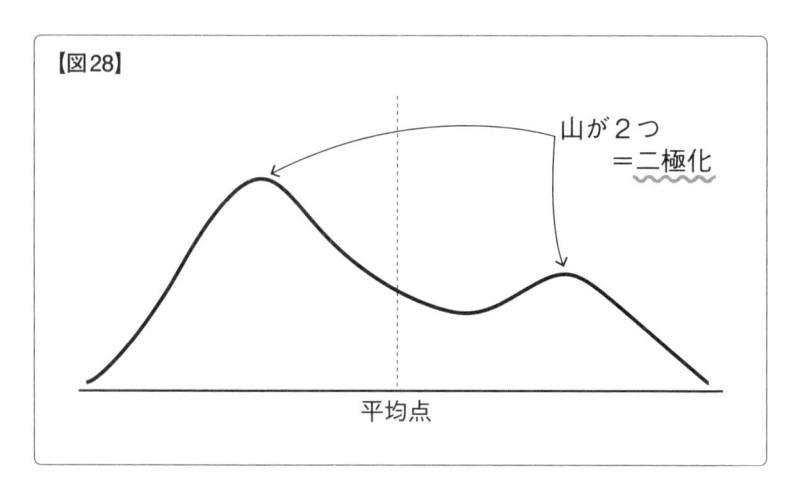

【図28】

山が２つ
＝二極化

平均点

できる人とできない人に分かれるわけだ。

頭の良さは、親から受け継いだ生まれ持ってのものに思われがちだが、生まれてからどれくらい勉強したか、何をどう学んだかという、後天的な要素の影響が案外大きい。

だから、正規分布になりにくいのである。

統計学の「正規分布」という分布について知るだけで、世の中が少し変わって見えてこないだろうか。

先天的な要因が強いか、後天的な要因が強いかというだけ

で、データの性質に違いが出る。

　統計学を知らずして、これに気づける人はそうそういないだろう。

　しかし、あなたは今後も**何らかの物事を見るとき、常に「正規分布するだろうか」と考える視点**に立てる。

　一つ賢くなったわけである。

3章

二項分布

——世の中の"さまざまな現象"が
　ここにある

「二項分布」とは？

▍二項分布は確率分布の一つ

　統計学というものが、少しわかってきただろうか？
　分布の王様である「正規分布」について学んだところで、次は「二項分布」について解説していこう。

　なぜ「二項分布」を取り上げるのか。
　それは、
　「ある条件が揃うことで、二項分布は正規分布にそっくりになる」
　ということがわかっているからだ。偉大なる先人たちによって証明されているし、私でも証明することは可能だ。
　また、二項分布は、世の中のさまざまな現象の中によく見られる分布でもある。要するに読者にとって、
　「あの現象も二項分布なのか！」
　という発見が得やすい分布なのである。
　現象を想像しやすいほうが、理解もしやすいはずである。

　さて、**二項分布とは「確率分布」の一つ**である。
　「確率分布」とは何か？
　難しく考える必要はない。文字通り、**確率の分布**である。
　ここで、1章に登場した図9のヒストグラムに、再度ご登場いただこう。
　わかりやすいように、各階級値の度数も付け足しておく。

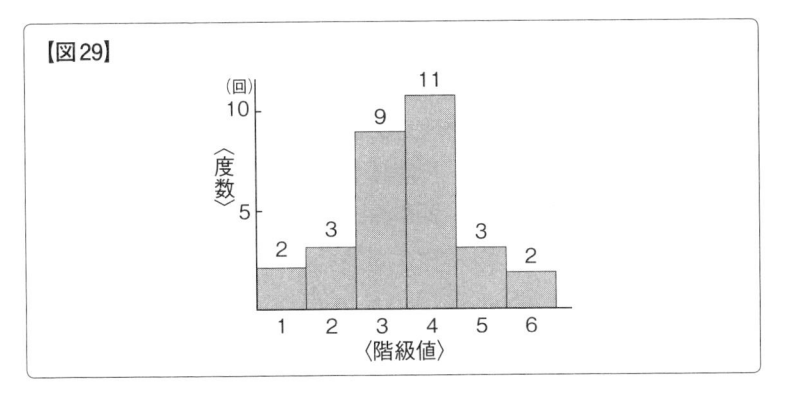

【図29】

これは、サイコロを30回振ったときの、出た目の回数を
ヒストグラムにしたものである。

そのため、縦軸は「度数」を表している。

このヒストグラムを、度数ではなく「確率」で表してみる
と、次のようになる。

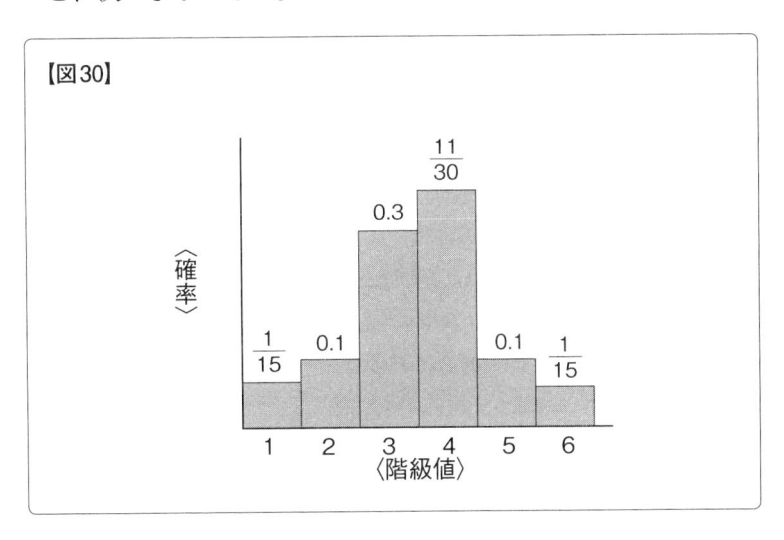

【図30】

階級値それぞれの度数を、全体の回数30で割ったものが
確率になる。

数字の表記が変わるだけで、ヒストグラムそのものの形は

変わらない。

　このように、データが出てくる「度数」ではなく、「確率」の分布を、「確率分布」というのだ。

　　確率分布は第一に、
　　「0以上の値を持つ確率が1つ以上ある」
　　第二に、
　　「データの確率すべての合計が1になる」
　　という特徴を持つ。

　ここで重要なのは「すべての合計」という点である。確率分布においては、データに漏れがあると意味がなくなるのだ。

　確率分布の説明に、よく用いられるのはサイコロである。
　サイコロを振ると、1〜6までの数字のいずれかが出る。
　もちろん、歪みがなく、細工もなく、狙った目を出せる手練がサイコロを振ったりしないことが前提である。
　このとき、1〜6それぞれの目が出る確率は以下のようになる。

【図31】

目	1	2	3	4	5	6
確率	$\frac{1}{6}$	$\frac{1}{6}$	$\frac{1}{6}$	$\frac{1}{6}$	$\frac{1}{6}$	$\frac{1}{6}$

　この表は、

　① 0以上の値を持つ確率が1以上ある
　② 確率すべての合計が1になる
　③ データに漏れがない

と、確率分布の条件が揃っている。つまり、これは確率分布であるといえる。

そして、二項分布も確率分布であるから、同様にこの3つの条件が揃わなくては、二項分布とはいえないのだ。

二項分布を理解するための前提「組み合わせ」

単純にいえば、確率分布とは、ヒストグラムを度数ではなく確率に書き直したものである。そして二項分布が確率分布の一つであることは先にも述べた通りだ。

では、「二項分布」とは何か？

これをそれから説明していくわけであるが、難しい説明は後回しにして、そのものズバリの答えを最初に紹介しておこうと思う。

Point-5

二項分布とは、

成功の確率を p、失敗の確率を $1-p$ とする試行を n 回行うとき、ちょうど k 回成功する確率は、

$$\mathrm{P}(\mathrm{X}=k) = {}_nC_k\, p^k (1-p)^{\,n-k}$$

という式で計算することができる。

……というわけなのだが、果たしてこの式の意味が読者に理解できるだろうか。

実は、二項分布を理解するには、その前提として、「組み合わせ」について理解しておく必要がある。二項分布の定理式でいうなら「$_nC_k$」の部分だ。

　「組み合わせ」とは、高校数学で学ぶ分野である。

　ガチガチの文系の人は、さっぱり記憶に残っていないかもしれないし、「C」の記号には見覚えがあるが、どのような内容だったかはすでにおぼろげ、という人もいるだろう。

　そこで「組み合わせ」について、前もって解説しておこう。

　統計学は一旦忘れて、ここからしばらくは数学のお勉強である。

　もし、数学は得意中の得意で、組み合わせのことならしっかり理解できているという読者は、次の項目は読み飛ばしてもらって構わない。

「組み合わせ」と「順列」を知る

「組み合わせ」とは？

組み合わせとは、
「異なる n 個の中から、異なる r 個を選ぶ組み合わせ」
のことである。
" n 個の中から r 個を選ぶ" ことは、図32のように記号で表すことができる。

【図32】

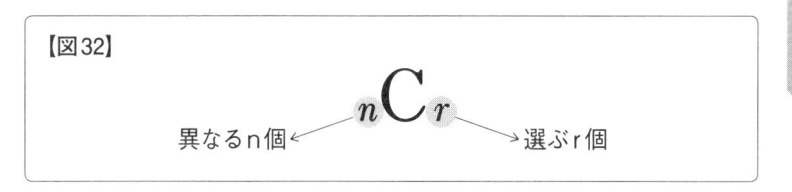

異なるn個 ← $_nC_r$ → 選ぶr個

言葉だけで説明してもわかりにくいだろうから、具体的に考えてみよう。
ここに、5人の人物がいたとする。彼らには、1、2、3、4、5の番号札を与えてある。この5人の中から、2人を選ぶときの組み合わせは、何通りあるだろうか？
" 5人の中から2人を選ぶ" ことは、図32を参考に、

$$_5C_2$$

と表すことができる。
もし、" 5人の中から3人を選ぶ" のであれば、

$$_5C_3$$

となるわけだ。

「C」という記号の左下に全体の数、右下に全体の中から選び出す数を書けばいいのである。

記号の意味がわかったところで、次に進もう。

この組み合わせが一体何通りになるのか、という答えを出さなければいけない。

ここで、もっとも簡単かつ確実な方法で、答えを出すとしようではないか。

すべての組み合わせを書き出してみればいいのである。

たった5人の中から、たった2人を選ぶ、という組み合わせを考えるだけである。すべて書き出したとしても、たいした手間ではない。

またか……などと面倒くさがらず、ぜひ紙とペンを手にして書き出してみてほしい。

ただし、重要なことがある。

過不足なく書き出さなければならない、という点だ。

5人の人物は、それぞれの持つ番号札で表すことにしよう。

図33のように、書き出せただろうか？

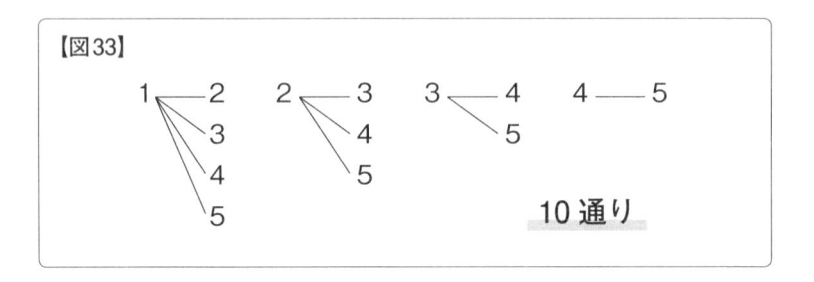

【図33】

10通り

答えは10通りである。

　ダブりなく、不足なく数えられたか確認してみてほしい。この程度なら難しくはないだろう。

　コツは、選ぶ数の分だけ枠を作り、その中に小さい順に数字をはめ込んでいくイメージを持つことだ。

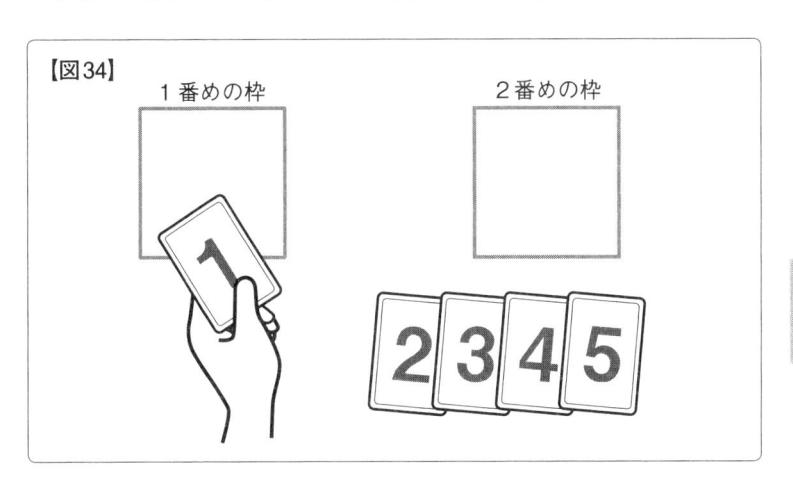

【図34】

1番めの枠　　　　　　　　2番めの枠

　まず、1番めの枠には「1」を入れる。

　この場合、2番めの枠に入れられるのは「2」「3」「4」「5」の4つだ。

　次に、1番めの枠に「2」を入れる。

　このとき、2番めの枠に「1」は入らない。「3」「4」「5」だけが入ることができる。

　なぜなら、1番の札を持つ人と、2番の札を持つ人の組み合わせは、すでに選び終えたからである。

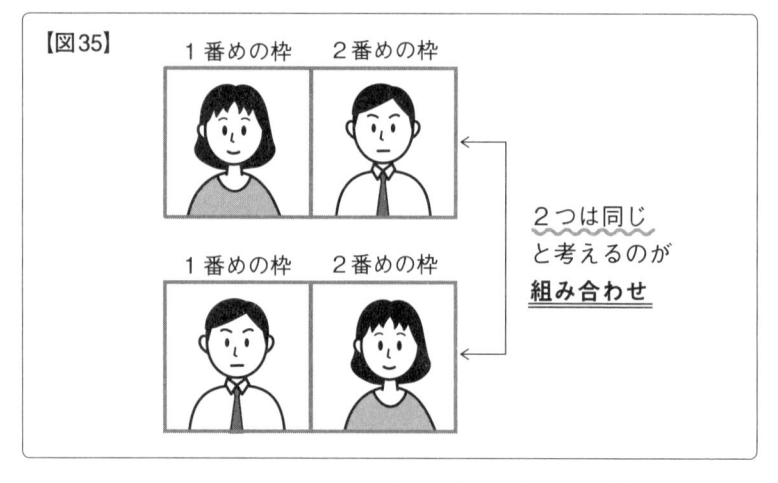

【図35】

1番めの枠　2番めの枠

2つは同じ
と考えるのが
組み合わせ

　同じようにして、1番めの枠が「3」「4」の場合についても考えていく。

　「5」については、そこに至るまでに、「1－5」「2－5」「3－5」「4－5」という、「5」が入るすべての組み合わせが選ばれてしまっているので、考える必要がない。

　このやり方に沿って考えていくと、図33のようにすべての組み合わせを書き出せるのである。

■「順列」とは？

　組み合わせの考え方もわかり、問題の答えも明らかになったところで、問題の条件を少しいじってみよう。

　5人の中から2人を選ぶのは同じだが、選ばれた人には前後1列に並んでもらうことになった。

　5人の中から2人を選んで並べるとしたら、何通りの並べ方があるだろうか？

　先ほどの問題と異なるのは、「並び方」を考慮しなければ

ならない点である。

　組み合わせでは、「1−2」の組み合わせと「2−1」の組み合わせは、同じものであり、ダブリになるため、どちらか一方を排除して考える必要があった。

　しかし、今回は違う。

　前後の並べ方が何通りあるかを問われているからだ。

　1番の人が前に並ぶか、2番の人が前に並ぶかで、変わってくるのである。

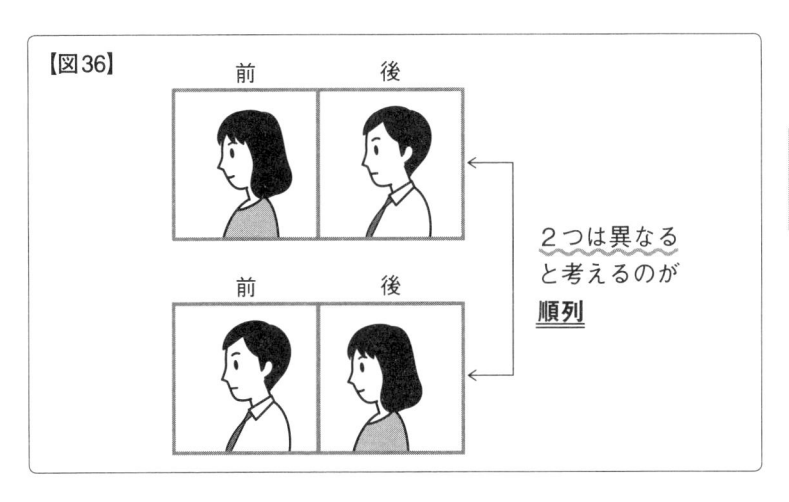

【図36】

前　　　後

前　　　後

2つは異なる
と考えるのが
順列

このように、

「異なるn個の中から異なるr個を選んで、一列に並べる」
ことを「**順列**」という。

順列についても、すべての場合について書き出してみよう。

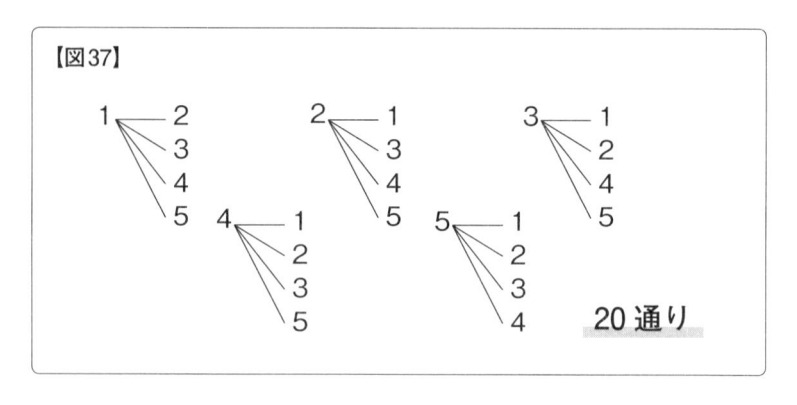

【図37】

20 通り

　見ての通り、20通りの並び方がある。

　ところで、書き出された順列の20通りを見て、何か気づくことはないだろうか。

　これは、まず前に並ぶ人が誰かを選び、そのとき後ろに並ぶ可能性がある人を次に選んでいる。

　たとえば、1番の人が列の前に並ぶとき、後ろに並ぶ人が誰になるかは2、3、4、5の4通りあるわけだ。

　そして、前に並ぶのが2番の人でも、3番の人でも、4番でも5番でも、つまり5人のうち誰が前に並ぶ場合であっても、後ろに並ぶ人が誰になるかは「4通り」なのである。

　つまり、こう考えられる。

　列の前に誰が並ぶかは、1、2、3、4、5番のすべての人に可能性があるから、5通りある。

　さらに、それぞれの場合について、列の後ろに並ぶ人は4通り考えられる。

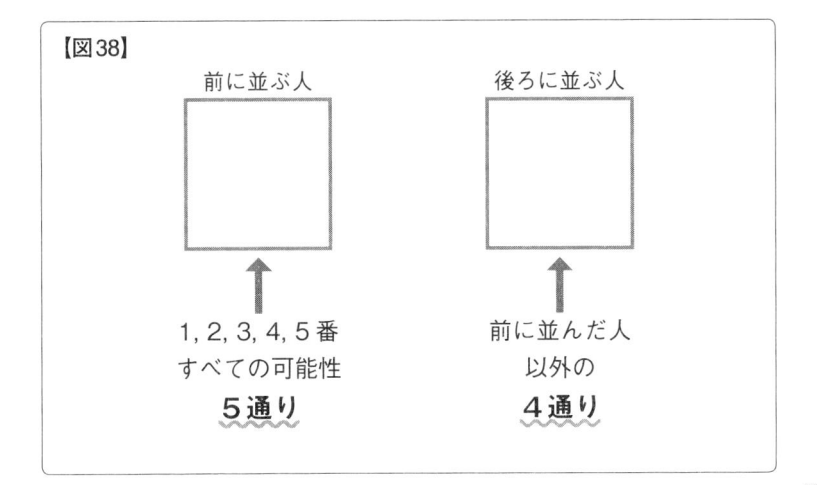

【図38】

前に並ぶ人

後ろに並ぶ人

↑
1, 2, 3, 4, 5 番
すべての可能性
5通り

↑
前に並んだ人
以外の
4通り

つまり、5人の中から2人を選んで並べる順列は、

$$5 \times 4 = 20$$

と計算することができ、20通りとわかるわけである。

先ほど書き出した数と同じ、20という数字が出てきた。これも問題の答えである。

これからわかるのは、n個の異なるものから、r個を選んで並べるとき、その順列は、

$$n \times (n-1) \times (n-2) \times \cdots\cdots (n-r+1)$$

と計算することで求められるということだ。

n個の中からr個を選んで並べるとき、1番目に選べるのはn通りある。

次に並べられるのは、1番めに並べたもの以外、つまり、n−1通りになる。

同じように、３番めに並べられるのは、１番めと２番めに並べたもの以外、つまりn－２通りになるわけだ。

　さて、この並びはr番めまで続くのだが、r番目に並べられるのは何通りになるだろうか？

　ここまでの流れをくめばわかる。n－r＋１通りである。

　だから、先の式になるわけだ。

▎ 組み合わせは"ダブリ"、順列は"別もの"と考える

　「組み合わせ」と「順列」について、理解してもらえただろうか。

　理解しないことには先に進めない。

　そもそも、理解しなければならないのは「二項分布」であり、「組み合わせ」「順列」はあくまで前提である。

　読者はすでに２つをマスターしたものとして、次に行きたいと思う。

　ここでもう一度、先の問題を引っ張り出してみたい。

　５人から２人を選ぶ「組み合わせ」の問題と、同じように選んで並べる「順列」の問題である。

　　組み合わせ → 10通り
　　順列 → 20通り

　という答えになった。

　両者を見てわかるのは、組み合わせに比べて、順列は２倍になっているということである。

　これは当然のことで、組み合わせでは"ダブリ"として排除されたパターンを、順列では別ものとして扱ったために生まれた差だ。

ところで、なぜ「2倍」なのだろうか?

　5人の中から2人を選ぶ組み合わせを考えたとき、「1番の人−2番の人」と「2番の人−1番の人」という二つの並べ方を同じものとみなした。
　「1−3」「3−1」も同じ、「4−5」「5−4」も同じである。
　逆に、それぞれを異なるものと考えるのが順列だ。
　「1番の人」と「2番の人」を並ばせる順列は2通りあり、その他についても同じである。

　だから、この場合の順列は、組み合わせの2倍あるというわけだ。

　では、別の問題についても考えてみよう。
　5人の中から3人を選んで並べるとき、この順列は何通りになるか。
　また、5人の中から3人を選ぶとき、その組み合わせは何通りあるか。

　まずは順列から求めていこう。
　5人から3人を選んで並べる順列とは、「3つの枠に数字をはめこんでいく」と考えればいい。1番めの枠に入る数字は「5通り」、2番めの枠は1つめの枠に入れた以外の数字が入るので「4通り」、さらに3番めの枠には、まだ枠に入っていない数字が入るので「3通り」ある。
　つまり、

$$5 \times 4 \times 3 = 60$$

となり、順列は60通りあるとわかるのだ。

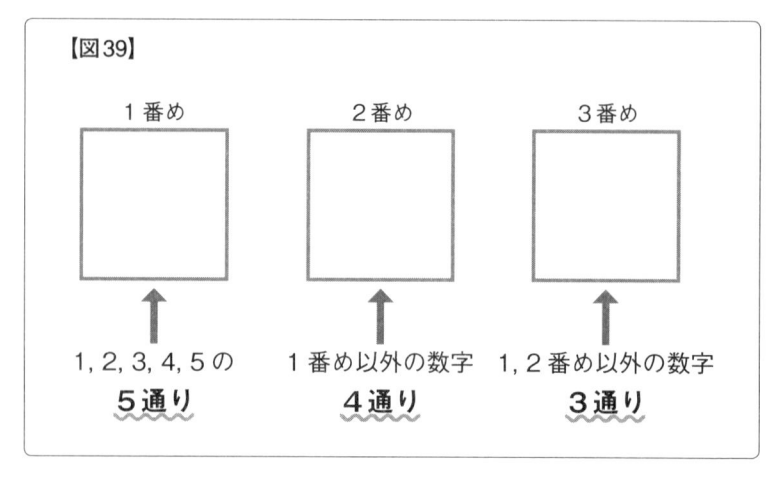

【図39】

1番め　　　　　2番め　　　　　3番め

↑　　　　　　　↑　　　　　　　↑
1, 2, 3, 4, 5 の　　1 番め以外の数字　　1, 2 番め以外の数字
5通り　　　　　**4通り**　　　　　**3通り**

　では、組み合わせについては、どう考えればいいだろうか。
　順列の60通りから"ダブリ"を排除したものが、組み合わせの答えになる、と先に説明した。
　仮に「1、2、3」という3つの数字を選んだとき、その並べ方は、

$$(1, 2, 3)(1, 3, 2)(2, 1, 3)$$
$$(2, 3, 1)(3, 1, 2)(3, 2, 1)$$

の6通りがある。
　組み合わせでは、これを1つと考えるわけだ。
　3つの数字を選んだ場合のそれぞれに6通りのダブリがあると考えられるので、組み合わせは

$$60 \div 6 = 10$$

で求められることになり、組み合わせは10通りとなる。

数学は公式を覚えなくても解ける

先にもいったように、私は数学の公式などいちいち覚えない。記憶しようと思ったこともない。

学生のころから今にいたるまでずっとそうである。

具体的な数字があれば、それを元に実際に数を数えればいいのである。

公式を覚えようという気持ちがないから、「忘れてしまった」と焦ることもない。

覚えていないから、どんな状況にあっても、考え、書くことで、解を出せる。

組み合わせや順列ほど、単純な話もないではないか。

数を数えるという作業でできることを、わざわざ式にして、それを覚えて解を出そうとすること自体が、ひどく頭の悪い考え方に思えてならない。

そもそも記憶など、いずれ薄れてしまうのだ。

毎日のように反復練習をしているなら別だが、数学の、ある一つの公式など、学校を離れれば忘れてしまうに決まっている。

覚える努力が無駄である。

もちろん、100の数字から30を選ぶというように、数字が大きくなってしまうと、過不足なくすべての組み合わせを書き出すのは困難だ。

しかし、例題でやったように、順列がどういうものか、組み合わせとはどういうものかを理解していれば、公式を暗記しなくとも、すべてを書き出さなくとも、解を導き出せる。

複雑な公式を覚えなければ解けない。

忘れてしまうと解を出す術がない。

そういう思い込みが世の数学嫌いに拍車をかけているような気がするのである。

一方で、数学は才能である。

できない人にはできない。

たとえば、これまで組み合わせについて幾度が書き出してもらったが、このとき重複があったり、抜けがあったりする人は、数学的なセンスに乏しいということだ（ちなみに、担当編集者の書き出しには、ものの見事に重複も抜けもあった……）。

数学のセンスは、運動神経と同じようなもので、ある人にはあるが、ない人にはない。

ある程度までは訓練で能力を鍛えることもできるが、ある一定以上になると、才能がものをいう世界である。

だから、本書では、あまりに複雑で難解な統計学にまでは言及しないことにしたのだ。

数字、数学、数式というものを回避して生きてきた人にも、かろうじて理解できるであろうと思われるところまで、引き続き解説していくつもりである。

統計学のテキストでありながら、組み合わせと順列の説明に多くのページを割いたのは、ここに理由がある。

ここが理解できれば、二項分布について理解するのに、さほど苦しまなくて済むはずだ。

逆に、理解しないまま読み進めてしまうと、チンプンカンプンになる。

懇切丁寧に説明したので大丈夫だろう。

数学嫌いの人も安心して、先を読み進めてほしい。

次からは、高校数学の世界から離れて、統計学の世界へと舞い戻っていこう。

サイコロを利用して 二項分布を理解しよう

▌「ベルヌーイ試行」とは？

さて、本章の本題である「二項分布」に話を戻していこう。
まずは、おさらいである。
二項分布とは、

成功の確率をp、失敗の確率を$1-p$とする試行をn回行うとき、ちょうどk回成功する確率は、

$$P(X=k) = {}_n C_k\, p^k\, (1-p)^{n-k}$$

という式で計算できる。

……というものだと前に話した。
「C」の記号で表されている部分が何を意味するか、読者はもうわかっているはずである。
しかし、意味不明な部分もまだまだある。
一つずつ解説していく。

まずは、「ベルヌーイ試行」について説明しておこう。
ベルヌーイ試行とは、ある試行の結果が「2通り」しかない試行のことだ。
たとえば、

・コインを投げたとき表が出るか、裏が出るか。

・試合に勝つか、負けるか。

・商品を買ってもらえるか、もらえないか。

・宝くじが当たるか、外れるか。

・その試みが成功するか、失敗するか。

これらすべて、ベルヌーイ試行といえる。

サイコロを振るとき、

「1の目が出るか、それ以外が出るか」

を調べるのであれば、結果は「1か」「1以外か」という2通りしかないので、ベルヌーイ試行である。

しかし、

「どの目が出るか」

を調べるのであれば、ベルヌーイ試行にはあたらない。結果が6通り考えられるからである。

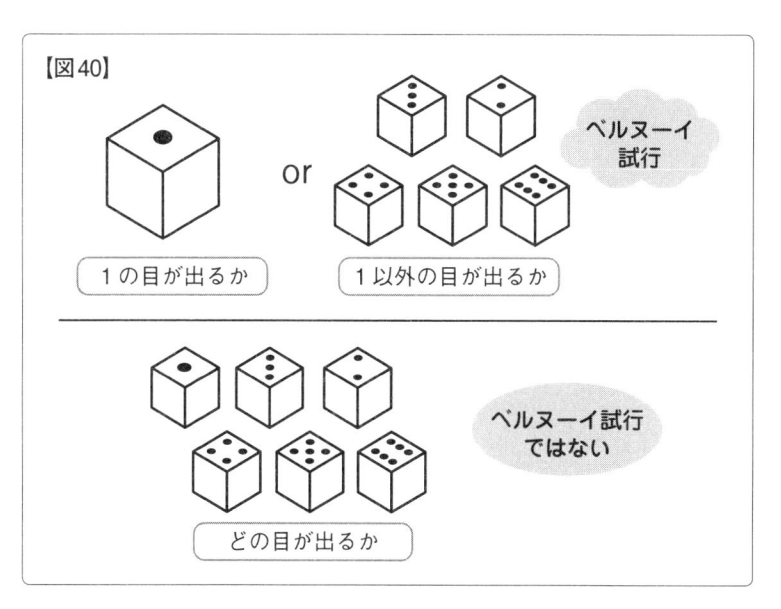

【図40】

1の目が出るか　　1以外の目が出るか

ベルヌーイ試行

どの目が出るか

ベルヌーイ試行ではない

or

ベルヌーイ試行では一般的に、２通りある結果のうち一つを「成功」、他方を「失敗」と考える。

　成功する確率をpとすると、失敗する確率は$1-p$とすることができる。

　ベルヌーイ試行の結果は２通りしかないのだから、成功する確率と、失敗する確率の和は１になるのだ。

　「成功の確率をp、失敗の確率を$1-p$とする」という文言に見覚えがあるだろう。

　先に挙げた、二項分布の定理式を見直してみてほしい。前提条件に、同じ文言があるはずだ。

　これからわかることは、二項分布が、ベルヌーイ試行を行ったときの確率分布だということである。

いろいろな値の範囲「確率変数」

　次に、「確率変数」についても少し触れておこう。

　確率変数とは、ある現象が取り得るいろいろな値の範囲を表す。

　といっても、理解できないだろうから、サイコロを例にとって説明してみよう。

　サイコロを振ったら、どうなるだろうか？

　当然、１から６までのいずれかの目が出る。

　つまり、「サイコロを振る」という現象の結果が取り得る値は、１、２、３、４、５、６と複数あることになる。

　そして、６つのうちのいずれかの目が出ることはわかっているけれど、いざサイコロを振ってみなければ、実際にどの目が出るかはわからない。

このとき、「サイコロの確率変数Xは、1〜6までの範囲」ということになるのだ。

　確率変数はXで表されるのが一般的だが、これは一つの数字を示すのではなく、取りうる値のすべての範囲を表すものになる。

　さらに、サイコロの場合、Xが1〜6までのどのような値であったとしても、その確率は$\frac{1}{6}$である。

　これを、

$$P(X)=\frac{1}{6}$$

と表すことができる。もし、Xの値が1であった場合、その確率は、

$$P(X=1)=\frac{1}{6}$$

と表されることになる。

　さて、最後のこの式、とくに式の左側に注目してほしい。

　どこかで似たような式を見ていないだろうか？

　ピンときた人は、すでにページをめくって確認しているかもしれない。そうである。

　二項分布の定理式の中に発見できる、

$$P(X=k)$$

という表記は、「**これは、確率変数Xがkであるときの確率を求める式ですよ**」と宣言しているわけである。

以上で、二項分布の定理式の中に出てくる記号や式について、理解できないものはなくなったはずだ。

　ようやく、二項分布について詳しく解説していけるわけである。

■ サイコロで読み解く「二項分布」

　さあ、二項分布である。

　難しい定理式はすでに紹介したわけだが、ひとまずそれは脇に置いておこう。

　その代わりといっては何だが、ここまで読者の理解を助けるために何度も登場してきたサイコロに、今一度役に立ってもらおう。

　二項分布を理解するために最適な道具は、サイコロである。

　二項分布とは、ベルヌーイ試行を n 回行うとき、k 回成功した場合の確率を表したもの……と説明した。

　そうはいってもわからないと思うので、解説していこう。

　サイコロを3回振るとする。

　このとき、1の目が出たときは成功、それ以外の目が出たら失敗と考える。

　つまり、成功する確率は $\frac{1}{6}$ であり、失敗する確率は $\frac{5}{6}$ である。

　さて、3回サイコロを振ったとき、成功する回数、つまり1の目が出る回数を k 回とすると、成功する確率はどのようにして求めればいいだろうか。

　これは確率の問題であるから、まず把握しておきたいことは、全体の総数である。

要するに、サイコロを 3 回振ったとき、成功も失敗も含めて、全部で何通りの目の出方があるか、という点だ。

　サイコロを振って出る目は、毎回 6 通りある。

　1 回めも、2 回めも、3 回めも、それぞれについて出る目は 6 通りあるわけだ。

　だから、サイコロを 3 回振ったときの目の出方の総数は、次のように計算できる。

$$6 \times 6 \times 6 = 216$$

　サイコロを 3 回振ったときの目の出方の総数は、216 通りあることがわかった。

　では、次に求めるべきは、「成功する目の出方は何通りあるか」ということである。

　これをわかりやすくするために、「1」の目の出方、いい換えるなら成功の仕方について、次のようなパターンに分けてみた。

　① 1 回だけ成功する（$k = 1$）
　② 2 回成功する（$k = 2$）
　③ 3 回すべて成功する（$k = 3$）
　④ 1 回も成功しない（$k = 0$）

　このように、「1」の目の出方は 4 パターンに分類できるのだ。

　この 4 つの中で、1 回でも「1」が出て成功するのは①②③の 3 つである。

　では、これら 3 パターンは、それぞれどのような目の出方をするのだろうか？　何通りあるのだろうか？

1の目が出て「成功」だった場合を○、1以外の目が出て「失敗」だった場合を×で表すことにして、上の①～③の3つのパターンについて、サイコロの目の出方がどのようになるのか、書き出してみよう。

　このように書き出してみると、成功のパターンは全部で7通りあることがわかる。

　ただし、これはあくまで「1が出るか、1以外が出るか」という視点で考えた場合分けである。

　さらに、それぞれの場合について、「何通りの数字の並びがあるのか」を割り出さなければならない。

　簡単なのは、③のパターンだろう。

　③の「3回すべて成功する」パターンとは、つまり3回とも「1」が出たことになる。つまり「1、1、1」の1通りしか考えられない。

【図42】

③ 3回すべて成功する（$k=3$）パターンの場合

1回め	2回め	3回め
1	**1**	**1**

3回それぞれにおいて
入る数字は「1」の**1通りのみ**

よって 1×1×1＝1 となり
③のパターンは**1通り**

では次に①「1回だけ成功する」パターンを見ていこう。

1回だけ「1」が出て、残りの2回は「2、3、4、5、6」の5つの数字からいずれかの目が出る、というのが、このパターンである。

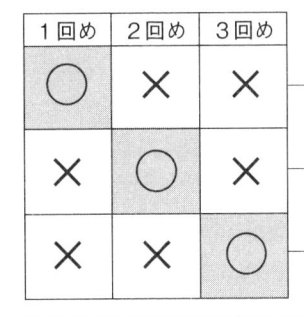

【図43】

① 1回だけ成功する（$k=1$）パターンの場合

1の目が出たら○、2, 3, 4, 5, 6 の目が出たら×とすると……

1回め	2回め	3回め
○	×	×
×	○	×
×	×	○

→何回めに1が出るかで
3つの場合に分かれる

$\dfrac{1が}{出る} \times \dfrac{2\sim6から1つ}{} \times \dfrac{2\sim6から1つ}{} \times 3$

＝1通り×5通り×5通り×3
＝75通り

さらに、「１」の目が出るのが、サイコロを３回振るうちの１回めなのか、２回めなのか、３回めなのかによって、それぞれを別ものと考える必要がある。計算すると、

$$1 \times 5 \times 5 \times 3 = 75$$

となり、75通りあることがわかる。

残った②「２回成功する」のパターンも、考え方は①のパターンと同じでいい。２回「１」が出て、残りの１回は「２、３、４、５、６」の５つの目から１つが出てくる、というパターンなわけだ。

さらに、「１以外の目」が１回めに出るか、２回めか、３回めかによって、場合分けする必要がある。つまり、

$$1 \times 1 \times 5 \times 3 = 15$$

となり、このパターンは15通りであることがわかる。

これで、成功する場合のすべてが出揃った。

$$\begin{aligned} ① + ② + ③ &= 75 + 15 + 1 \\ &= 91 \end{aligned}$$

となり、「１」が出て成功するのは91通りあることがわかるのである。サイコロを３回振って出る目の総数は216通りだった。

つまり「１」が出て成功する確率は、$\frac{91}{216}$であるとわかるのだ。

ちなみに、サイコロを3回振っても1回も成功しない④の
パターンは、3回とも2〜6までの5通りの数字の中から1
つの目が出る場合に限られるので、

$$5 \times 5 \times 5 = 125$$

となり、125通りあることがわかる。確率で考えれば、
$\frac{125}{216}$ となる。

▎二項分布の定理式を理解しよう

　無事に計算が終わったところで、もう一度、図41の図を
眺めてみてほしい。「1」の目の出方の4パターンについて、
〇と×で図示したものである。
　この図は、「組み合わせ」として考えることができると、
読者は気づいていただろうか？
　①「1回だけ成功する」パターンは、「3個の中から1個を
選ぶ」パターンの個数だけある、といい換えられるのである。

　同じように、

　②「2回成功する」→「3個の中から2個を選ぶ」
　③「3回すべて成功する」→「3個の中から3個を選ぶ」
　④「1回も成功しない」
　　　　→「3個の中から1個も選ばない（選ぶのは0個）」

の個数のパターンがあると、いい換えられる。
　そして、それぞれのパターンで選ぶ個数は、k の値と一致
しているのだ。

これからいえるのは、3個からk個を選ぶ組み合わせ「$_3C_k$」によって、①〜④のパターンそれぞれにおいて、「1」が出る場合が何種類あるのかわかるのである。

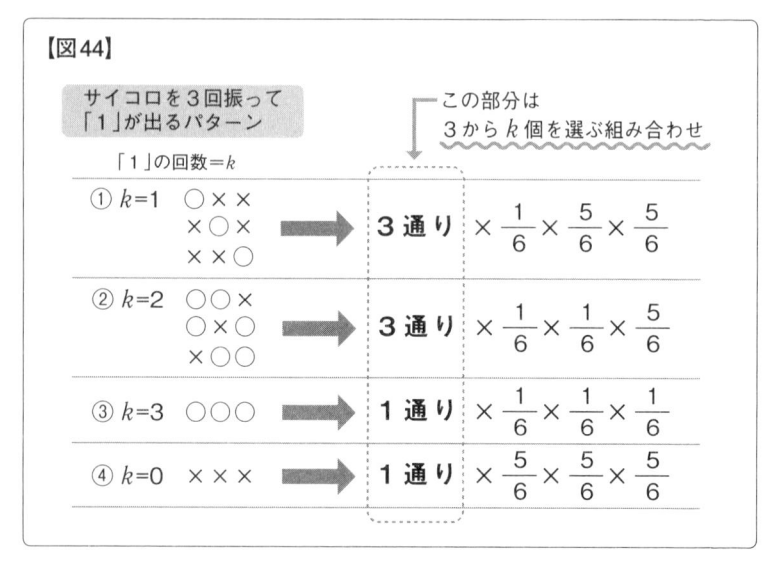

【図44】

サイコロを3回振って「1」が出るパターン

この部分は
3からk個を選ぶ組み合わせ

「1」の回数＝k

① $k=1$	○×× ×○× ××○	➡	3通り	$\times \dfrac{1}{6} \times \dfrac{5}{6} \times \dfrac{5}{6}$
② $k=2$	○○× ○×○ ×○○	➡	3通り	$\times \dfrac{1}{6} \times \dfrac{1}{6} \times \dfrac{5}{6}$
③ $k=3$	○○○	➡	1通り	$\times \dfrac{1}{6} \times \dfrac{1}{6} \times \dfrac{1}{6}$
④ $k=0$	×××	➡	1通り	$\times \dfrac{5}{6} \times \dfrac{5}{6} \times \dfrac{5}{6}$

　成功のパターンとなる場合の数がわかったところで、次は成功の確率を考えていく。

　たとえば$k=1$、つまり成功が1回の場合、失敗の回数は2回になる。なぜなら、全部で3回サイコロを振るのだから、

$$3-1=2$$

という計算で導き出せるわけだ。成功が2回であれば、

$$3-2=1$$

となり、失敗は1回となる。

　わざわざ式にしなくともわかる話なのだが、次のように置き換えてみたらどうだろう。

　サイコロをn回振るとき、成功した回数がk回だったとす

る。このとき、失敗した回数は何回だろうか？

　数字がアルファベットになっただけで、これまでと同様の計算をすればいいだけである。

失敗の回数 ＝n−k

　となるわけだ。この問題では、n＝3とわかっているので、失敗の回数は、3−k回になる。

　さて、成功の確率が$\frac{1}{6}$、失敗の確率が$\frac{5}{6}$であることは、すでにわかっている。

　これを踏まえて、サイコロを3回振ったとき、3回中k回成功する確率を計算すると、

【図45】

　3回中k回成功する確率

$$= {}_3\mathrm{C}_k \times \left(\frac{1}{6} \right)^k \times \left(\frac{5}{6} \right)^{3-k}$$

成功の確率 $\frac{1}{6}$ を k 回かける

失敗の確率 $\frac{5}{6}$ を (3−k)回かける

　となるわけである。

　一見、複雑そうな式に見えるが、順を追って一つずつ紐解いていけば、たいして面倒なことはしていないとわかったはずだ。

　さらにこの式を、次のような条件に変えてみる。

　成功の確率がp、失敗の確率が1−pとなる試行を、n回行った。このときk回成功する確率は、どうなるだろうか。

図45の式から、次のように文字が入れ替わる。

$$_3C_k \rightarrow {_n}C_k$$

$$\frac{1}{6} \rightarrow p$$

$$\frac{5}{6} \rightarrow 1-p$$

これを式にはめ込むと、

$$P(X=k) = {_n}C_k\, p^k (1-p)^{n-k}$$

という、二項分布の定理式ができあがるわけである。

　ちなみに、組み合わせにおいて、n個から0個を選ぶ、つまり何も選ばない場合は、「何も選ばない」という1通りの結果だけが存在すると考える。
　これを、先の「3回中k回成功する確率」に当てはめてみると、$k = 0$ となるので、

$$1 \times \left(\frac{5}{6}\right)^3 = \frac{125}{216}$$

となり、正しい確率がきちんと求められることがわかる。

　以上、二項分布について、これ以上できないくらいに噛み砕いて説明してみた。
　数学の苦手な人ほど数式を見ると、「頭が痛くなりそう」だの「目が滑る」だのというが、そうして思考停止させてしまうから、何もわからないのである。
　「私はバカです！！」と力強く宣言しているに等しい。

そもそも、二項分布にいたっては、定理式など知らなくとも正しい解が出せることは、すでに証明した。

組み合わせの場合さえ過不足なく、間違いなく数えることができれば、問題はない。

文字式など使わなくとも、すべて数字で事足りる。

しかし、数が大きくなればなるほど、組み合わせなどすべて書き出すのは面倒だから、数学者は文字式にしたがるわけである。

とにかく、ここまで読み進めてきた読者は、二項分布とは何かがわかったはずだ。

そして、**二項分布がわかることで、世の中のいろいろな謎が見えてくるからおもしろいのだ。**

ただ、もう一段階、必要な知識がある。

次章では、二項分布と正規分布の関係について解説していこう。

正規分布と
二項分布
──「重要」なこの二つの分布の
関係とは？

まるごと覚えたい「中心極限定理」

▌「中心極限定理」とは？

　ここまで、２章で正規分布、３章で二項分布について説明してきた。

　４章では、正規分布と二項分布の関係について、解説していく。

　なぜ、両者の関係が重要かというと、これを理解することによって、視聴率や出口調査のカラクリを理解できるからである。

　本書の目的が、このカラクリを統計学によって読み解くことにあると、最初にお話ししたはずだ。そのために最低限必要となる知識を、この章で説明していく。

　さて、正規分布と二項分布の関係について説明するために、もう一つ、知っておかなければならない知識がある。

　「中心極限定理」というものだ。

　統計学において、非常に重要な定理の一つといえる。

　しかし、「中心極限定理」を証明するのは、大学レベルなら何とかなるが、高校レベルの数学知識ではちょっと手強い。

　統計学を学んでいけば、非常によく登場する定理でありながら、理解するのは困難極まるのである。

　一体、「中心極限定理」とはどのようなものなのか。

　読者にもわかるように、おなじみのサイコロを使って解説していこう。

サイコロを、何度も何度も振るとする。

もちろん、歪みのないサイコロであり、1～6すべての目において、出る確率はそれぞれ$\frac{1}{6}$である。

100回にしろ、200回にしろ、サイコロを何回も何回も振るという作業を、統計学では「『1回振る』という独立した行動を、何度も何度も繰り返すもの」と考える。

なぜなら、サイコロを1回めに振ったときと、2回めに振ったときと、その間には何の関係もないからだ。

1回めの結果は、2回めの結果に何も影響しない。2回めと3回め、3回めと4回めも然りである。

毎回、確率$\frac{1}{6}$で、何らかの目が出る。

もし、n回サイコロを振るとすると、これらを、
「互いに独立したn個の確率変数である」
という言い方で表すのである。

そしてこれが、中心極限定理が成立するための、前提条件である。

もし1回めにサイコロを振ったとき、どこかが欠けてしまったら、重心の位置が狂って、それぞれの目が出る確率は$\frac{1}{6}$ではなくなってしまうだろう。

1回めの結果は、2回め、3回めに影響してしまうことになる。

この場合には、出る目の結果は互いに独立しているとはいい難く、中心極限定理は当てはまらない。

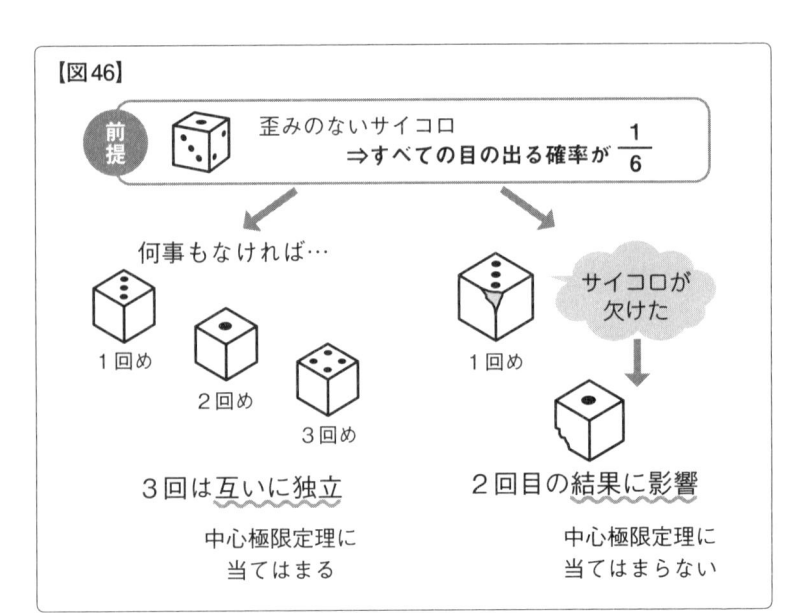

【図46】

前提 歪みのないサイコロ
⇒すべての目の出る確率が $\frac{1}{6}$

何事もなければ…

1回め
2回め
3回め

3回は互いに独立

中心極限定理に
当てはまる

サイコロが
欠けた

1回め

2回目の結果に影響

中心極限定理に
当てはまらない

　もっとも、サイコロはそう簡単には欠けないので、ここでは何回振っても確率は $\frac{1}{6}$ になるとしよう。

　さて、このサイコロを6回振ったとき、1の目は何回出るだろうか？

　確率は $\frac{1}{6}$ なのだから、6回振れば1が出るのは1回である……となったらいいのだが、ならないかもしれない。

　どちらかといえば、ならない可能性のほうが大きい。実際に振ってみればいいと思う。

　すべての目の出る確率は $\frac{1}{6}$ だが、だからといって6回振って、すべての目が1回ずつ出るわけではない。

　1が1度も出ないことだってありうる。10回振っても出ないかもしれない。

　さすがに20回も振れば、1が1度も出ない確率のほうがかえって低くなるが、だからといって20回の $\frac{1}{6}$、つまり3回出るかというと、それはわからない。

「歪みがないサイコロ」の性質から考えれば、1が出る確率は$\frac{1}{6}$だが、実際に6回サイコロを振ったときのデータを取って計算したときに、1の出る回数が確率$\frac{1}{6}$に相当する一回になるとは限らないわけだ。

ところが、このサイコロを100回振ったとすると、話は変わってくる。

サイコロが欠けることなく、歪むこともないまま振り続けると、1の目が出る確率は、$\frac{1}{6}$に近くなっていくのである。振れば振るほど、限りなく近くなっていく。

これが「中心極限定理」である。

そしてサイコロを振る試行は、回数を重ねていくと最終的には正規分布に近づくことがわかっているのだ。

一応、数学らしい表現でまとめておこう。

Point-6 **中心極限定理**

相互に独立な確率変数X_1、X_2、X_3……、X_nがあるとき、これがどのような確率分布であっても、nが大きくなればなるほど、正規分布に近づいていく。

中心極限定理は、ド・モアブルやラプラスらの研究で見いだされていたが、ここでも決定的な貢献は前述のガウスである。

正規分布が「分布の王様」と呼ばれる所以は、ここにもあるのだ。

ただし、すでに断ったように、これを証明するのは難しい。

もちろん、数学的な証明はすでにされているし、私も理解しているから文章にすることはできるが、本書では省略する。

時間とページを割いてまで、書いてもあまり意味がない。

どうしても気になるという人がいたら、より専門的な部分

にまで言及されている統計学の本にあたってもらうことにして、ここでは「そういうもの」として覚えてもらいたい。

複雑な公式もあるが、ここに書いても意味は乏しいので、それも割愛しよう。

どんな分布であっても、回数が多くなればなるほど正規分布に近づいていくという、中心極限定理の特徴をざっくりとわかっていれば十分である。

そして重要なことは、**二項分布もまた、nの値が十分に大きくなれば、中心極限定理によって、正規分布に近くなる**のである。

実際、ラプラスが着目したところだ。

中心極限定理と二項分布

たとえば、サイコロを振って1の目が出る確率が$\frac{1}{6}$のとき、このサイコロを1万回振ったら、1の目は何回出るだろうか？

単純に計算すれば、1万回の$\frac{1}{6}$、つまり1670回くらいだ。

ただし、実際にサイコロを1万回振る実験をしてみれば、1800回のときもあるかもしれないし、1600回のときだってあるかもしれない。

しかし、「サイコロを1万回振る」という実験を、何度も何度も、限りなく繰り返していくと、平均しておよそ1670回くらいの回数がもっとも多くなる。

このとき、図47のような図が描ける。

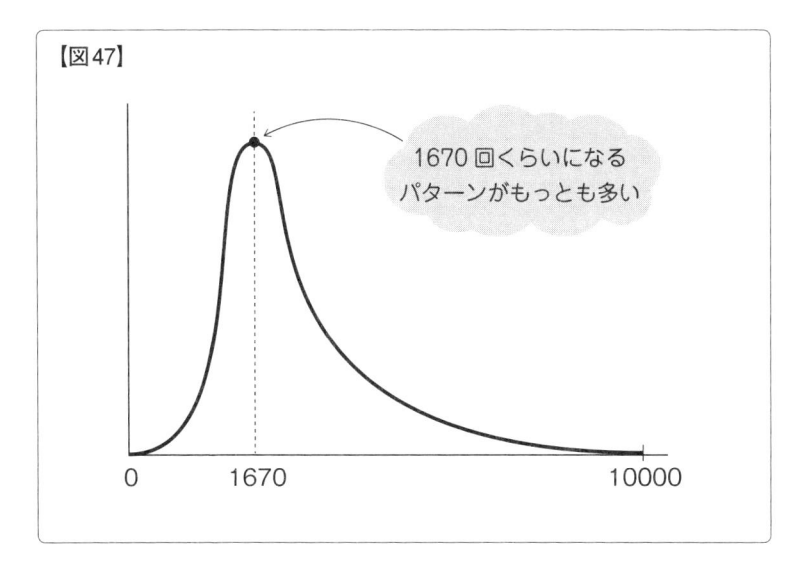

【図47】

1670回くらいになる
パターンがもっとも多い

0　　1670　　　　　　　10000

1670回の値がもっとも多い、正規分布にとても似た図になるわけである。

ただし、そっくりではあるが、完全に同じにはならない。

なぜなら、正規分布の場合、平均値が頂点であり、そこからプラスの方向にも、マイナスの方向にも左右対称に広がる図になるものだ。

一方、二項分布の場合は、マイナスの方向には図が広がらないし、図の頂点はやや左になる。

完全ではないが、nが大きくなっていくことで、左右対称になりつつあるぞ……というのが、二項分布の図なのである。

だから、二項分布を正規分布と同じように考えても間違いではない。

過去の数学者たちがそれを証明してくれたのである。

「三つの数値」でグラフがわかる

▌二項分布の「平均」と「分散」

ところで、正規分布とはどのような特徴を持つ分布であったか、覚えているだろうか？　正規分布に欠かせない二つの要素は何だったたろうか？

「平均値」と「分散」である。

ちなみに、**分散にルートをかけると「標準偏差」がわかる。**

では、二項分布の「平均値」と「分散」はどのように計算すればいいのだろうか？

まず「平均値」だが、これは今までも散々やってきたはずである。

「サイコロを600回振るとき、1の目が出る回数は何回になるか」

という問題が出されたら、読者はどう答えるだろうか？

1の目が出る確率は$\frac{1}{6}$だから、

$$600 \times \frac{1}{6} = 100$$

という計算によって、「100回くらい」と答えるはずである。

これまでもそうしてきた通りだ。要するに、

$$平均値＝全体の回数（データの個数）×確率$$

という計算をしている。

二項分布においては、成功の確率をp、失敗の確率を1−pとした。データの個数は試行の回数であり、n回とする。

すると、

二項分布の平均値＝np

という、実にすっきりした式にまとめられるのだ。

次に「分散」である。

分散の値を出す方法はかなり先に説明したが、まだ覚えているだろうか。

P47に戻って確かめてもらってもいい。

ただ、二項分布にいたっては、分散の値を計算によって出すのは面倒だ。とくに、nが十分に大きくなり、正規分布に近づくほど、面倒さは増していく。

nが十分に大きくなるとは、つまりデータがどんどん増えるという意味で、100も200も1万も、引いて、2乗して、掛けて、割ってとやっていたら、できないことはないが、莫大な時間がかかる。

実は二項分布の場合、とても簡単な方法で分散を求められることがわかっている。

二項分布の分散＝np$(1-p)$

これだけである。

本来、分散の計算は面倒なものなのだが、二項分布の場合には、非常に簡単に、きれいな値の分散が出てくるという特

微がある。

　二項分布は、ベルヌーイ試行の回数が多くなるほど、平均がnp、分散がnp$(1-p)$の正規分布にそっくりになるということなのだ。

　だから、二項分布に従うものは、回数を増やせば増やすほど、正規分布に近づくのであり、それによって平均値が予測できるし、平均からの幅についても予測できるのである。

　どういうことか、わからない人もいるかもしれないので、試しに、具体的な数値を入れて計算してみよう。

　1の目が出る確率が$\frac{1}{6}$のサイコロを100回振る。この二項分布の平均値と分散を求めよ。

　サイコロを振って1の目が出るか、1以外が出るかの確率が二項分布であることは、繰り返してきた通りである。

　さらに100回も振るのであれば、十分に多い回数であり、この二項分布は正規分布に限りなく近くなる、といえる。

　このことから、

$$二項分布の平均値 = np$$
$$= 100 \times \frac{1}{6}$$
$$= \frac{50}{3}$$

$$二項分布の分散 = np\,(1-p)$$
$$= 100 \times \frac{1}{6} \times \frac{5}{6}$$
$$= \frac{500}{36}$$
$$= \frac{125}{9}$$

となり、計算すると、平均値は約16、分散の値は約14、とわかるのだ。

そして、分散の値にルートをかけると、おおよそ3.7になる。これが標準偏差である。

正規分布の特徴は二項分布にも当てはまる

平均値、分散、標準偏差。

正規分布であるとわかっており、さらにこの3つの数値が明らかになれば、どのようなグラフになるかは、たちどころにわかる。

二項分布が正規分布にとても近くなるとき、それはグラフの形が似てくるというだけの話ではなく、正規分布の性質そのものに似通ってくるということだ。

そして正規分布は、平均値、分散、標準偏差さえ明らかになれば、グラフを描けるとても便利な分布である。

その理由は2章で述べた。

繰り返しになるが、正規分布は次のような、とてもありがたい性質を持っている。

平均±標準偏差1個分の範囲に、全体の約68%が含まれる
平均±標準偏差2個分の範囲に、全体の約95%が含まれる
平均±標準偏差3個分の範囲に、全体の約99%が含まれる

正規分布に限りなく近づいた二項分布にも、この性質は当てはまる。

　この性質は、本書においてこのあと、何度も何度も登場するので、きちんと理解しておいてほしい。

　これを踏まえて、先の例題から求められた数値をもとに、データから何が読み取れるかを考えてみよう。

　わかりやすいように、

　　　　平均値＝ 16
　　　　分散＝14
　　　　標準偏差＝ 3.8

である、正規分布に非常に近い二項分布があると仮定しよう。

　この二項分布は、図48のような正規分布に近い分布だということになる。

　また、この二項分布のデータは「平均値±標準偏差1個分」、つまり、「16±3.8の範囲」、もっといえば、「12.2〜19.8までの範囲」に全体の約68％が収まる、というのがもっともらしい。

　残りについても同じように計算すると、

「8.4〜23.6までの範囲に全体の約95％が収まる」
「4.6〜27.4までの範囲に全体の約99％が収まる」

といえるのである。

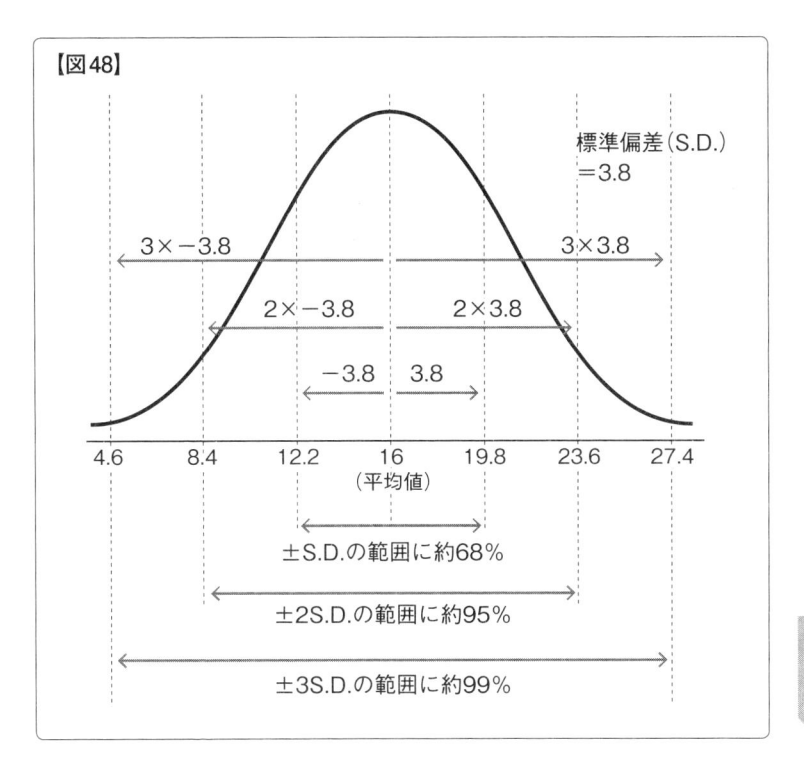

【図48】

標準偏差（S.D.）
＝3.8

$3×-3.8$ 　　　　　　$3×3.8$

$2×-3.8$ 　　$2×3.8$

-3.8 　3.8

4.6　8.4　12.2　16　19.8　23.6　27.4
（平均値）

±S.D.の範囲に約68%

±2S.D.の範囲に約95%

±3S.D.の範囲に約99%

　ところで、二項分布に従うものは、回数を増やせば増やすほど正規分布として扱っても問題がなくなるわけだが、一体どこまで増やせばいいのだろうか。

　状況や集まったデータのバラツキ具合によっても異なるのだが、

　「コインを投げて表が出るか、裏が出るか」

　といった、比較的分布が小さくなるものであれば、30回くらい繰り返せば、和や平均は正規分布に似通ってくるといわれている。

　案外少ないな、と思っただろうか？

　それとも、意外と多いな、と思っただろうか？

　ちなみに、「なるほど、そのくらいだろう」と納得するの

が、統計学の感覚が身についている人である。

　さて、ここまでの学習で、本書において「統計学の基礎」と定義した内容はすべて終えた。
　本来の統計学という学問からすれば、まだ片足を突っ込みかけているというくらいの踏み込み方しかしていないのだが、それは「数学の一分野としての統計学」を本格的に学ぶ場合の話である。
　数学は大の苦手だったり、数式を見ると頭が痛くなったりというタイプの人にとっては、このあたりが理解の及ぶ限界であろう。

　そして、このあたりで十分ともいえる。
　正規分布、二項分布、中心極限定理といった知識が身につくことで、世の中の見方が変わるからだ。
　見ているつもりで見えていなかったことに気づける、といったほうがいいかもしれない。

　次章では、本書の冒頭で伝えた通り、「視聴率」そして「選挙の出口調査」のカラクリについて、迫ってみよう。

5 章

視聴率・出口調査の カラクリ

──「世の中の不思議」は 統計学で解明される

日本の総世帯数5800万。
なぜ8400分の１のサンプル数で
視聴率が出せるのか

▌視聴率は本当に正しいの？

今の世の中、テレビ番組を見ない人が増えているそうだ。

若者はスマホで、見たいものを見たいときに見る習慣が根付いている。

無料動画サイトも賑わっているし、動画配信サービスも次々登場している。

視聴習慣が変わってしまったことで、若い人の一人住まいの部屋には、テレビがないことも珍しくない。

親が子どもに番組を見せたくないという考えから、テレビそのものが家にない家庭もある。

当然、テレビ業界にはかつての賑わいがない。

視聴率は軒並み下がり、広告収入も減ってしまい、テレビ局は苦労しているようだ。

だからこそだろう。

テレビ局も世の中も、番組の視聴率にはとても敏感だ。

テレビドラマ放送日の翌日になると、

「先週より0.8ポイント上昇」

「今週は8.9％で１ポイントの大幅ダウン」

といったウェブニュースが飛び交うのは、以前にもまして視聴率の増減に、制作側が一喜一憂しているからなのかもしれない。

視聴する側も、視聴率を人気のバロメーターの一つとして認知してきた。

　最近は、番組に関連するSNSの投稿数なども、人気を示す一つの指標として定着してきた。

　しかし、視聴率は数字によってハッキリと、「見ている人が多いか、少ないか」を明らかにしてくれるので、わかりやすく、飛びつきやすい。

　ところで、冒頭でもいった通り、日本には約5800万世帯が存在する。

　視聴率とは、5800万世帯のうち、何％がその番組を見たのかを示すものである。

　ところが、視聴率調査のために集められているサンプル数は、たったの6900世帯分。

　総世帯数の実に8400分の1といったところだ。

　たったこれっぽっちのサンプル数で、正しい視聴率がわかるのだろうか。

　そう疑問に思うのが統計学のわからない人であり、そのくらいで十分だと納得するのが統計学のわかる人である……とは、冒頭にも述べた通りだ。

　本書を読みはじめる前、多くの読者は前者であっただろう。
「インチキしてるんじゃないか」
「手心が加えられているんじゃないか」
と疑惑を抱く人もいたかもしれない。

　しかし、ここまで統計学を学んできたあなたなら、
「できるんじゃないか」

という感覚に変わってきたはずだ。

やっぱりランダムが難しい

もっとも、世の中に出回る視聴率に、本当に偏向がないのかはよくわからない。

たとえば、サンプル調査の対象となり視聴率を調べる機械を設置したご家庭が、実は某テレビ局の局員のお宅だったとしたら、彼らは年中某テレビ局の番組を見るだろう。

この家庭の視聴率には、バイアスがかかりまくりなわけである。

もちろん、視聴率を調査するビデオリサーチ社は、サンプルの結果にバイアスがかからないように、入念に調査するはずだ。

しかし、どこからどんな思惑が働きかけてくるかわからないし、そのすべてをブロックするのは難しいように思う。

いかにしてバイアスがかからないようにサンプリングするかは、統計学において重要である。

なぜなら、データにバイアスがかかった時点で、統計学は手も足も出なくなるからだ。

それはなぜか。

互いに独立な確率変数であることが、「中心極限定理」の前提だからである。

互いに独立であるということは、互いに関係しないということだ。

そこに何らかのつながりがあれば、統計学は使えない。

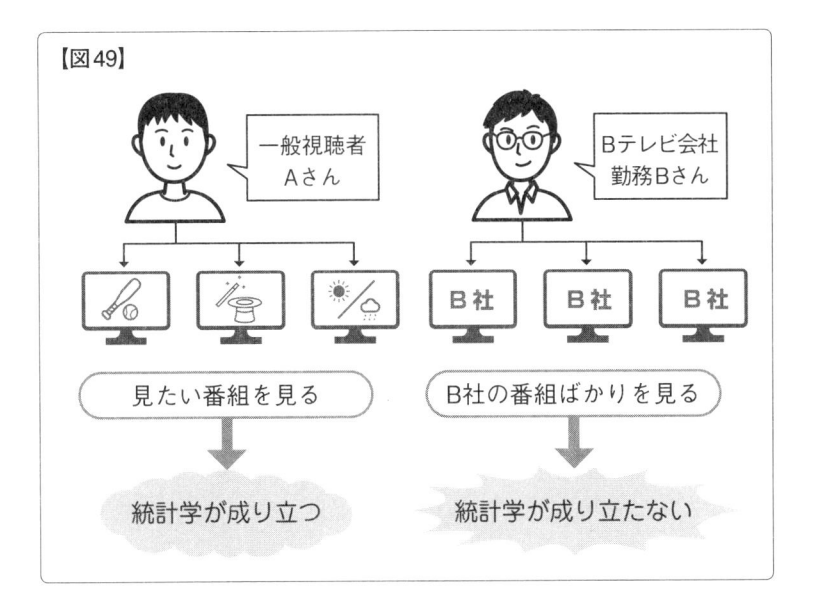

【図49】

一般視聴者
Aさん

Bテレビ会社
勤務Bさん

見たい番組を見る

B社の番組ばかりを見る

統計学が成り立つ

統計学が成り立たない

　もっとも、中心極限定理の条件を整えるべく、完璧にランダムなサンプルを選ぶことは、実務としてはかなり難しいといわざるをえない。

　では、他に正しい視聴率を調べる方法はないのだろうか？

　当然のことながら、全数調査をすれば、導き出される視聴率は正しいものになるだろう。

　サンプルの中にはテレビ局勤務の人のお宅もあるだろうが、全体からすればさして気にするほどのバイアスでもないはずだ。

　しかし、世の中は基本的に全数調査などしないのである。

　当然だ。

　あまりにお金がかかりすぎる。

　視聴率を全数調査しようとすれば、機器も人件費も莫大なものになる。

　そんなことはできないから、なるべく安く済ませるために、

バイアスがかからないように細心の注意を払いながら、サンプリング調査をするのである。

▋視聴率には±２％の誤差あり

　さて、視聴率はあくまでサンプリング調査である。
　それは、実際の数値とは若干ズレることを前提としている、という意味だ。
　要するに、世間に対して「この番組の視聴率は○％ですよ」という情報を発信したとき、その数値には、実際の視聴率との誤差が生じている。
　視聴率調査を行っているビデオリサーチ社も、標本誤差があることは明らかにしており、たとえば関東地区においては、
　「標本数900の場合、信頼度95％で考えると、視聴率10％での、考慮すべき標本誤差は±2.0％」
　としている。

　これが何を意味するか。
　読者に見慣れた言葉でいい換えると、次のようになる。
　「視聴率が10％だったとき、実際の視聴率は8.0〜12.0の範囲内に約95％の確率で含まれる」
　ということなのだ。

　極端なことをいえば、ある番組の視聴率が10％だったとき、本当の視聴率は８％だったかもしれないし、12％だったかもしれないのである。
　たかだか±２％と思うかもしれないが、世の中は視聴率が１％上がっただの下がったのだと、いつも話題にしているではないか。
　しかし、そもそも±２％の誤差があるのだから、視聴率に

おける１％程度の差にたいした違いなどない。

　あってないようなものである。本当に差があるかどうかすら、わからない。

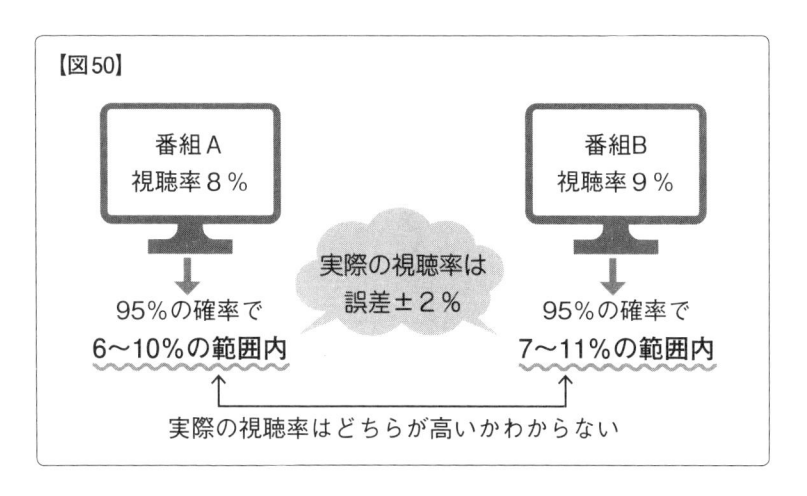

【図50】

　番組 A
　視聴率８％

　番組B
　視聴率９％

95％の確率で
6〜10％の範囲内

実際の視聴率は
誤差±２％

95％の確率で
7〜11％の範囲内

実際の視聴率はどちらが高いかわからない

　視聴率とは、「この番組を見たか、見なかったか」についての確率であり、二項分布である。さらに、数千ものデータを集めるのだから、その数は十分に大きいため、正規分布に非常に近くなる。

　仮に、視聴率が何％であっても、誤差は±２％であるとすると、視聴率が８％だった場合には、次のような図がかける。

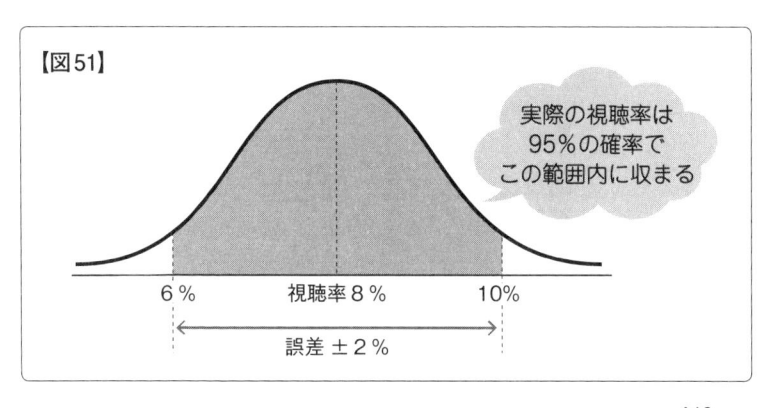

【図51】

実際の視聴率は
95％の確率で
この範囲内に収まる

6％　　　視聴率８％　　　10％

誤差±２％

これに、視聴率が9％であった場合のグラフも付け足してみる。

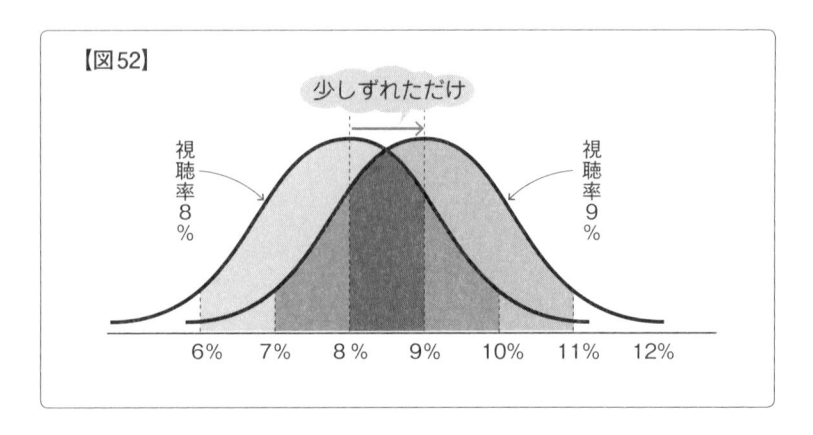

【図52】

少しずれただけ

視聴率8％

視聴率9％

6% 7% 8% 9% 10% 11% 12%

こうして並べてみると、視聴率の1％の差などたいしたものではないと、よくわかる。

▍ 視聴率の「平均値」と「分散」

ところで、冒頭でも紹介したのだが、ビデオリサーチ社によると、約1800万世帯が住む関東地区では、900世帯分のサンプル調査によって視聴率を計算しているそうだ。

全体から見れば2万分の1という少ないサンプル数なのだが、そもそもなぜ「900世帯」なのだろうか。

どうせなら90世帯くらいにしぼってしまえば、費用も抑えられて良さそうなものである。

それをしないのは、ある程度の費用はかかっても900世帯分のサンプルを集めることが、正しい視聴率を計算するためには必要だと、ビデオリサーチ社が判断したからだ。

なぜだろうか。

次は、これを検証してみよう。

先にもいったように、正規分布に限りなく近い二項分布である場合、データの個数を n 、成功の確率を p とすると、

平均値＝ np

分散＝ np（1－p）

となる正規分布に似通ってくることがわかっている。

視聴率にまつわるデータをこの式に当てはめると、

n ＝サンプル調査を行う世帯数

p ＝その番組を見た確率（視聴率）

1－p ＝その番組を見なかった確率

ということになる。

ただ、たとえばコインの裏表、サイコロで1の目が出る確率であればこの計算のままでいいのだが、視聴率の場合、求めたいのは「何％になるか」という割合だ。

しかし、このままの平均値と分散では、

「この番組を見たのは何世帯か」

を表すことになってしまう。

知りたい視聴率を求めることはできない。

視聴率を求められるようにするには、この平均値と分散の値をさらに全体のサンプル数、つまり n で割る必要がある。これを考慮すると、

平均値＝ p

$$分散＝\frac{p(1-p)}{n}$$

となる。

二項分布をnで割ったものも、変わらず二項分布である。

　視聴率は、この平均値と分散を持つ正規分布にほぼそっくりになるということだ。

　ちなみに「分散」は、先にも説明したように、計算しやすいように値を２乗した数になっている。

　数値の単位を合わせるために、割るときも「n²」にしてから割っているので、先のようになる。

　この点についてはそう深く追求しなくていいので、こういうものと納得してほしい。

┃ なぜサンプルが90世帯分ではダメなのか

　視聴率という正規分布に限りなく近い二項分布について、平均値と分散が明らかになった。

　これは同時に、同じ平均値と分散を持つ正規分布の特徴が、視聴率にも当てはまることを意味している。

　正規分布の特徴には、次のようなものがあった。

平均±標準偏差１個分の範囲に、全体の約68％が含まれる
平均±標準偏差２個分の範囲に、全体の約95％が含まれる
平均±標準偏差３個分の範囲に、全体の約99％が含まれる

　この法則に、視聴率の平均値と分散を当てはめてみよう。

【図53】

$$p \pm \sqrt{\frac{p(1-p)}{n}}$$ の範囲に、全体の65％が含まれる

$$p \pm 2\sqrt{\frac{p(1-p)}{n}}$$ の範囲に、全体の95％が含まれる

$$p \pm 3\sqrt{\frac{p(1-p)}{n}}$$ の範囲に、全体の99％が含まれる

　何やら数式っぽいが、標準偏差は分散にルートをかけたものだから、こう表記する以外にないだけだ。

　いいたいことは、もともとの法則と何ら変わらない。

　もっとも、記号やアルファベットのままではイマイチわかりにくいので、具体的な数値を入れてみよう。

　では、ビデオリサーチ社が行っている関東地区での視聴率調査を例にとり、900世帯分のサンプル調査において、視聴率が10％だった場合を考える。

　$n = 900$、$p = 0.1$となるので、

$$0.1 \pm 2\sqrt{\frac{0.1 \times 0.9}{900}}$$ の範囲に、全体の95％が含まれる

というわけだ。計算してみよう。

$$0.1 \pm 2 \sqrt{\frac{0.1 \times 0.9}{900}} = 0.1 \pm 2 \sqrt{\frac{0.09}{900}}$$

$$= 0.1 \pm 2 \sqrt{0.0001}$$

$$= 0.1 \pm 2 \times 0.01$$

$$= 0.1 \pm 0.02$$

このようになり、ビデオリサーチ社がいう通り、誤差は±2％、つまり視聴率10％のとき、実際の視聴率は8％から12％の範囲内に95％の確率で収まるといえる。

ところで、このときサンプル数が90世帯分しかなかったとしたら、どうだろうか。

$$0.1 \pm 2 \sqrt{\frac{0.1 \times 0.9}{90}} = 0.1 \pm 2 \sqrt{\frac{0.09}{90}}$$

$$= 0.1 \pm 2 \sqrt{0.001}$$

$$\fallingdotseq 0.1 \pm 2 \times 0.03$$

$$\fallingdotseq 0.1 \pm 0.06$$

サンプルが90世帯分しかないとき、視聴率の誤差は6％まで広がることがわかる。視聴率が10％だったとき、本当の視聴率が95％の確率で含まれるのは、4％〜16％の範囲内ということになる。

これほど誤差があれば、視聴率を調査する意味がない。

では、逆に9000世帯分ものサンプル数があったとしたら、視聴率の誤差はどうなるのか。

$$0.1 \pm 2 \sqrt{\frac{0.1 \times 0.9}{9000}} = 0.1 \pm 2 \sqrt{\frac{0.09}{9000}}$$

$$= 0.1 \pm 2 \sqrt{0.00001}$$

$$\fallingdotseq 0.1 \pm 2 \times 0.003$$

$$\fallingdotseq 0.1 \pm 0.006$$

　サンプル数が9000世帯もあれば、ほんの0.6％しか誤差が生じないことがわかる。

　これほど正確にわかるのに、なぜ9000世帯にまで調査を広げないのだろうか。

　もちろん、コストの問題があるからだ。900世帯分の調査と比べて、単純計算でも10倍のコストである。それだけのコストをかけてまで、1.4％の差を埋める必要はない、と考えているわけだ。

　ビデオリサーチ社は、

　「標本誤差を半分の±1.0％にするための標本数は、４倍の3600が必要」

　と説明している。

　かかるコストと結果が見合わないといいたいのだろう。

　ただ考えてみれば、1800万世帯がどの番組をどのくらい見ているかというデータを、たった900世帯分を調査することによって、ほんの±２％の誤差で、明らかにすることができるのだ。

　少ないサンプルで、全体を知ることができる。

　まさに**統計学の力**である。

選挙の出口調査で
なぜ当確が出せるのか

▍出口調査とは

　衆議院議員選挙や参議院議員選挙など、日本全国で選挙が行われる日、夜8時ごろになると、テレビ局は一斉に開票速報番組の放送をはじめる。

　ちなみに、選挙当日、各地に置かれた投票所は、朝7時から夜8時まで投票を受け付けている。夜8時になったら投票所を締め、開票に移るのだ。

　つまり、開票するのは夜8時以降なのである。

　ところが、夜8時ごろからはじまるテレビの開票速報が、番組開始とともに、次々に当確者を発表していくのは、すでにおなじみの光景だ。

　まだ開票作業を終えていないにもかかわらず、なぜどの立候補者が、どれだけの票を得たのかが、わかってしまうのだろうか。ここにも統計学が活用されている。

　投票に行ったことのある人の中には、投票を終えて出てきたところで、

　「出口調査にご協力いただけませんか」

　と、声を掛けられた経験がある人もいるかもしれない。

　各報道機関が、投票所が締め切られたと同時に、当確したのが誰かを発表できるのは、この出口調査をしている人たちのおかげである。

　出口調査とは、投票を終えた人に対して、

「どの立候補者に投票しましたか」
「どの党に投票しましたか」
と聞くのである。

この結果を集計して投票結果を予測するのだが、単に、
「○○さんに投票した人が▲▲人いました」
という数だけ出しても、何の予測も立たない。
知りたいのは、
「投票した人のうち何％が、その立候補者に投票したか」
という**確率**なのだ。
だから、統計学が必要なのである。

▎ 候補者２人の選挙区で考えてみよう

ある選挙区で、定員１名の枠に対して、２人の立候補者が名乗りを上げたとしよう。２人の一騎打ちというわけだ。
この２人をA候補者、B候補者としておこう。
候補者が２人しかいない場合、この選挙区の投票結果は、

「Aさんが当選するか、もしくはAさんが当選しないか（つまり、Bさんが当選するか）」

という二項分布になる。
また、出口調査の結果を、実際の投票結果により確実に近づけるためには、十分な数の調査が必要になる。
出口調査員は、頑張って相当数のデータを集めてくるだろう。
だから、出口調査の結果は、正規分布に限りなく近い二項分布になるのだ。
繰り返しになるが、このような場合、二項分布の平均値と

分散は、データの個数をn、成功の確率をpとすると、

$$平均値 = np$$
$$分散 = np(1-p)$$

となり、さらに同じ平均値と分散を持つ正規分布に似通ってくることは、もう耳がタコになるくらいお話ししてきたので、読者もしっかりと理解しているだろう。

ただ、ここで求めたいのは「何％が投票したか」という確率である。そのため、

$$平均値 = p$$
$$分散 = \frac{p(1-p)}{n}$$

として考える必要があるのは、視聴率の場合と同様である。

さて、この選挙区で、出口調査員は投票を終えた1000人に対して出口調査を行った。

その結果、Aさんに投票した人は50％だったとする。

これは、Aさんの得票率をp、Bさんの得票率を1−pとするとし、無効票がないものとすると、

$$p = 0.5$$
$$1 - p = 0.5$$

と表せる。

このとき、実際の得票率が約95％の確率で含まれると予測できる得票率の範囲は、どれくらいになるだろうか。

計算してみよう。

この範囲は、

$$0.5 \pm 2 \sqrt{\frac{0.5 \times 0.5}{1000}} = 0.5 \pm 2 \sqrt{\frac{0.25}{1000}}$$

$$\fallingdotseq 0.5 \pm 2 \times 0.015$$

$$\fallingdotseq 0.5 \pm 0.03$$

となる。

1000人分の出口調査の結果が50％だったなら、誤差はだいたい±3％であり、実際の得票率は47％から53％の範囲内に約95％の確率で収まるということなのだ。

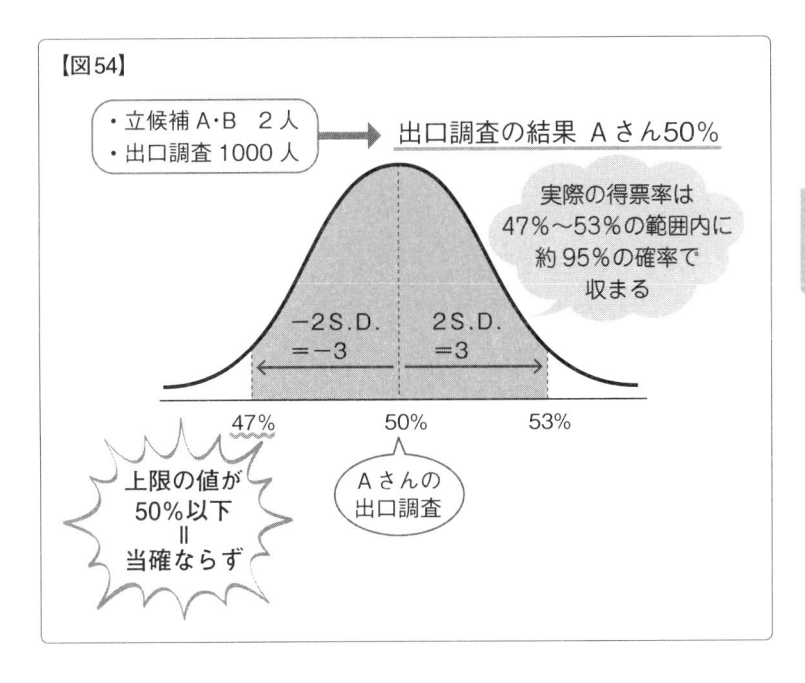

【図54】

・立候補A・B　2人
・出口調査1000人　→　出口調査の結果　Aさん50％

実際の得票率は47％〜53％の範囲内に約95％の確率で収まる

−2S.D. ＝−3　　2S.D. ＝3

47％　　50％　　53％

上限の値が50％以下 ＝ 当確ならず

Aさんの出口調査

出口調査の結果から見えてくるもの

　この結果を、どう考えればいのか。

　Ａさんの実際の得票率が53％付近であれば万々歳だが、47％付近にあれば落選する。

　要するに、Ａさんの得票率が約95％で収まる範囲の下限が、50％を切っている場合は、当確を出せないのである。

　Ａさんが勝つか負けるかわからないということは、Ｂさんについても然りである。

　どちらが勝つか、予測できない。

　逆にいえば、出口調査の得票率から、実際の得票率が95％の確率で含まれる範囲を計算したとき、下限の値が50％以上であれば、当選確実と考えられるわけだ。

　ところで、この出口調査の誤差は、視聴率の実際の範囲を求めたときにも利用した、

$$p \pm 2\sqrt{\frac{p(1-p)}{n}}$$ の範囲に、全体の95％が含まれる

という、正規分布の持つ特徴から計算したものだ。

　この式の p（1－p）という部分に注目してほしい。

　p がＡさんの得票率、1－p はＢさんの得票率を表すと決めたはずだ。

　また、 p は確率を表すので、1 より大きくはならない。この出口調査は二項分布であるから、Ａさんの得票率と、Ｂさんの得票率の和は必ず1になる。

　以上を踏まえて考えてほしい。

　p（1－p）の値が最も大きくなるときの、 p の値は何だ

ろうか。

　p（1－p）の値が最も大きくなるということは、標準偏差が最も大きくなるということだ。

　標準偏差を求める式の分母であるn＝1000は、この出口調査においては変化しない。そのため、分子のp（1－p）が大きくなれば、標準偏差も大きくなる。

　要するに、実際の得票率が95％の確率で収まる範囲を決める誤差が、最も大きくなるわけである。

　この状況を作り出すpは、どのような値か。

　考えるべきは、pと1－pが、条件を満たした上で取り得る最大の数字は何かである。

　答えは、p＝0.5である。

　わからないなら、頭で考えていないで、ペンと紙を持って書いてみればいい。細々とした数字を計算するのは面倒だから、10％間隔でやってみると、図55のようになる。

【図55】

p	1－p	p（1-p）
0.1	0.9	0.09
0.2	0.8	0.16
0.3	0.7	0.21
0.4	0.6	0.24
0.5	0.5	0.25
0.6	0.4	0.24
0.7	0.3	0.21
0.8	0.2	0.16
0.9	0.1	0.09

　最も大きいp（1－p）の値は0.25であり、そのときのpの値は0.5であることがわかる。Aさんの出口調査の得票率

が50％だった場合については、先程計算したばかりだ。誤差は約±３％であった。

　ここまでを踏まえていえることは何か。

　要するに、たった一つの議席をめぐるＡさんとＢさんの選挙戦で行われた出口調査において、どちらかが54％以上の得票率をとることができたら、その人は当選確実と予測できるのである。

　なぜか？
　誤差は最大でも±３％だからだ。

　当選を確実にするために必要な得票率は、過半数の51％以上である。

　つまり、出口調査の結果から、実際の得票率が約95％で含まれる範囲を割りだしたとき、その下限の値が0.51以上であれば、当確を出せるわけだ。

　誤差は最大で±３％なのだから、出口調査の得票率から３％分を引いた値が、0.51であればいい。

　こうして考えていくと、この選挙においては、出口調査の得票率が54％以上であることが、勝利を確信できるボーダーラインとわかる。

　同じように考えていけば、敗北のボーダーラインも見えてくる。

　相手に過半数以上の得票率をとられてしまえば負けなのだから、自分の得票率が49％以下になってしまうと当確ののぞみがなくなる。

　繰り返しになるが、この選挙戦での出口調査の誤差は最大で±３％である。つまり、出口調査での得票率が46％以下であったら、敗北が確定するのだ。

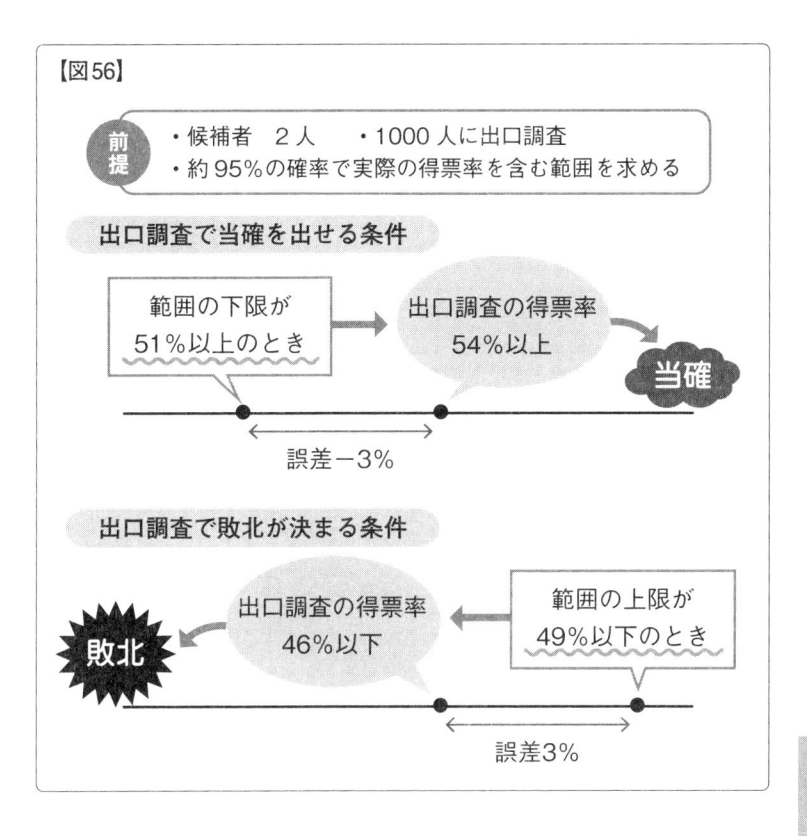

【図56】

前提
・候補者 2人　　・1000人に出口調査
・約95％の確率で実際の得票率を含む範囲を求める

出口調査で当確を出せる条件

範囲の下限が
51％以上のとき

出口調査の得票率
54％以上

当確

誤差－3％

出口調査で敗北が決まる条件

敗北

出口調査の得票率
46％以下

範囲の上限が
49％以下のとき

誤差3％

　ただし、これはあくまで「95％」の場合の話だ。

　もし、約99％の確率で実際の得票率が含まれる範囲を求めた場合には、最大で±4.5％の誤差になることも、一応押さえておこう。

　得票率の範囲を求める式で、標準偏差を2倍するところが、3倍になるだけなので、簡単に計算できる。

　1000人に行った出口調査でわかった得票率が、Aさん55％、Bさん45％だったとしたら、午後8時の開票速報がはじまったとたんに、Aさんの当確が出るだろう。

　誤差は最大で±4.5％である。

Aさんの得票率に最大の誤差が生じたとしても、下限は50.5％になる。一方、Bさんの得票率に最大の誤差が生じても、上限は49.5％にとどまる。

　どう転んでも、Bさんは得票率でAさんにはかなわないと予測できるのだ。

▎やはり“ランダム”が前提になる

　出口調査と統計学について説明してきたが、大事な前提条件について言及するのを忘れていた。

　統計学なのだから当然、出口調査をお願いする人はランダムに選ばなければいけない。

　ランダムであってはじめて、ここまで解説してきたあれこれが成り立つのである。

　もっとも、実際のところ、出口調査が完全にランダムに行われているかというと、怪しいといわざるを得ない。

　第一に、若い人や女性は、出口調査をお願いされても承諾しない傾向がある。

　積極的に主張したがるのは、たいていお年を召した方々だ。

　結果的に、出口調査のサンプルはジイさんばっかり、となりがちなのである。

　第二に、最近は期日前投票をする人が増えてきた。

　投票日は仕事やレジャーの予定があって、投票へ行くには都合が悪いという人たちが、期日の前日までに、事前に投票しておくのである。

　期日前投票には、出口調査は通常行われない。

　いずれにしても、選挙戦のゆくえは先が読めないもので、たとえば前半は有権者の支持を集めてトップを独走していた

人が、投票日直前になってスキャンダルを暴露され、支持率が急落する……ということもあり得るのだ。

投票日当日に行われる出口調査では、この候補者に投票したという人は少ないはずだ。

ところが、まだ人気が絶好調だった期間に期日前投票した多くの人は、この候補者に投票しているかもしれない。

しかし、期日前投票の分については通常出口調査のデータはないから、確認しようがない。こういうとき、出口調査の得票率と、実際の得票率とが合致しない可能性はある。

毎日、期日前投票所で投票してきた多数の人を調査するのはコストの関係で通常行われてこなかったが、期日前投票のウエイトが大きくなったので、今後は何らかの手が打たれるかもしれない。

出口調査の結果が覆された例として記憶に新しいのは、2015年5月17日に、大阪府で行われた住民投票である。

これは、大阪市を廃して複数の特別区に分割するという「大阪都構想」への賛否を問うものであった。

投票日に行われた出口調査の結果は、賛成派が51.7％、反対派が48.3％。賛成派が3％以上リードしていた。しかし、当確はなかなか出なかった。

というのも、投票前に行われた世論調査などでは、反対派のほうが上回っていたのだ。

ところが、選挙戦も終盤になってから、大阪都構想を推進する人たちによって、賛成派が激しく追い上げたのである。

出口調査はその結果であった。

しかし、開票の結果、反対派が賛成派を上回り、大阪都構想は住民によって否決されるかたちとなったのである。

このとき出口調査の結果が賛成派に傾いたのは、一つには

先にもいったように、期日前投票についての調査がされなかったからだろう。

　賛成派は終盤になって勢いをつけていったが、前半戦では反対派のほうが強かった。

　期日前投票に行った有権者の中には、おそらく反対票を入れた人が多かっただろう。

　さらに、これが住民投票であったことも結果に影響したと考えられる。つまり、選挙のように、

「誰を選びましたか」

「どの党を選びましたか」

という話ではなく、

「あなたは賛成ですか、反対ですか」

を問われているのだ。

　人の感情として、「賛成です」という場合には、気軽にしゃべることができるが、「反対です」という立場に立ったとき、それを表立っていうのは憚られる。

　おそらく、出口調査でも、反対派の中には調査を断ったり、賛成派のフリをした人がいただろう。

　逆に賛成派の人はしゃべりやすいので、率先して調査を引き受けたのではないだろうか。

　つまり、賛成派の人ばかりを引っ張り上げてしまうという、バイアスのかかったサンプリングになっていた可能性があるわけだ。

　このように、いつでも、どこでも、完璧にランダムになる、とはいい難い出口調査である。

　ところで、サンプルを1000件ではなく、１万件ぐらい集めれば、誤差の幅は確実に狭くなるだろう。

しかし、出口調査の結果が正しかったのか、そうでなかったのかについては、開票がはじまってから3、4時間もたてばわかる話なのだ。

　開票速報がはじまった直後から「当確！」という言葉が立て続けに画面に映し出されたときの、

「もう当確が出たのか！」

　という視聴者の驚愕も、候補者たちの一喜一憂する姿に興味がわくのも、もって3、4時間である。

　また、2018年9月30日に行われた沖縄県知事選挙では、野党が応援し辺野古移転反対の玉城デニー氏と自公らが推薦する佐喜真淳氏が対決した。

　終盤にかけて佐喜真氏が猛追しているとの報道であったが、蓋を開けてみれば、玉城氏の圧勝だった。

　115万の有権者のうち投票率は63％であったが、うち35％は台風の影響で期日前投票されていたのだ。

　ときには、出口調査の結果から当選確実と判断して放送したのに、開票してみたら、

「実は間違っていました」

　と判明することもある。

　候補者はたまったものではないだろう。

　ただ、統計学はあくまで予測。外れることだってある。

　出口調査から得られるデータの寿命は非常に短く、さらには間違っているかもしれない。そんな出口調査に莫大な費用をかけるのは、割に合わない。

　だから報道各社は、1万件ものサンプルを集めようとはしない。

　はっきりいえば、無理してやることはないのだ。

待っていれば、開票という名の全数調査をしてくれる人たちが、間違いのない結果を教えてくれる。

一方で、投票後も選挙戦が盛り上がり、当確が出るのか、出ないのか、その経緯にみなの注目を集めるのに、出口調査の結果が一役買っているのは確かだ。

▍統計学を知るだけで終わってはいけない

以上が、視聴率、そして出口調査のカラクリである。

世の中の不思議が一つ、統計学を学ぶことによって解明された。もしかしたら、視聴率や出口調査が統計学によって計算されていることを、知識として知っていた人はいたかもしれない。

しかし、それは「統計学を知っている」のとはワケが違うことを、読者は今、身をもって実感しただろう。

統計学を知るのは楽しい。しかし、知るだけで終わるのはもったいない。

統計学の知識を使って、世の中を眺めることこそ、読者がこれからやるべきことである。

世論調査や内閣支持率、自動車保険、桜の開花予報、平均寿命、野球選手の打率、景気動向指数など、世の中には統計学が明らかにしていることが、まだまだたくさんある。

あなたの統計学との関わりを、ここで途切れさせることなく、これからも引き続き、学び活用していってほしい。

おわりに

統計学はまだまだ序の口

　私は数学が好きだ。

　数学の問題が解けたときの、気持ちよさは半端ではないと思う。

　世の中の仕組みも、お金の流れも、人々の行動も、数字で見ることができる。数式で表現することもできる。

　数学は楽しく、美しい。

　しかし、世の中の多くの人は、数学が嫌いである。数式を見るのもイヤがり、数字が並ぶと「理解できない」といいはじめる。

　そして本書は、そのような数学嫌いたちが「統計学を知りたい」と思ったとき、何をどう伝えれば統計学のなんたるかを知ってくれるのかと、知恵を絞って書いたものだ。

　数字にやる気を削がれることがないように、数式が理解できないあまり、統計学を理解することまで投げ出してしまうことがないように、呆れるほど丁寧に解説している。

　読者の気を散らしてしまう数学的な記述や記号もなるべく避けて、必要最低限に抑えた。

　ここまで読み終えた読者は、今このとき、統計学という学問の部屋に入ろうとして、ドアノブに手をかけた状況にあると思ってほしい。

　まだまだ序の口なのである。

その先には、未知の世界を予測したり、まだ見ぬ未来を想定したりすることを可能にする、美しい世界が広がっている。

しかし、その美しさを理解するためには、数学を避けては通れない。

数学に面と向かって対峙する覚悟があるなら、そのまま突き進んでみたらいい。大半は挫折するだろうが、それでも得られるものはある。

覚悟がないなら、ここまででいい。

十分である。

私は「わけがわからない」と考えるのを放棄するのは好きではない。

ただし、数学だけは例外だ。わからない人にはわからないからだ。

数学はある程度は才能の世界なのである。

「わからない」という現実を受け入れるのも、大事なことだろう。

▍覚えようとするのは理解していないから

ただし、本書の内容については、ガッチリと理解しておくことだ。

数学の苦手な人にもわかるように書いてあるから、問題はない。

でも、間違えないでほしい。

私は、

「平均値の公式を覚えなさい」

「分散の公式を覚えなさい」

などといいたいのではない。
覚える必要はない。
その代わり、理解してほしい。

ヒストグラム、平均値、分散、標準偏差、正規分布、二項分布、中心極限定理……。

本書には、たくさんの統計学用語が登場したが、覚えられないというなら忘れて構わない。

そもそも統計学、ひいては数学の公式や用語など、日常生活にはまったく関係がないのだから、忘れて当然である。

いつか忘れてしまうのをわかっていながら、それでも覚えようとする人は、内容について理解できないから、まるごと覚えようとしているにすぎない。

そんな愚かな自分にすら気づいていない。

何も考えていないようなものだ。

考える能力は、記憶力とは違う。
記憶は時間が経つほどに薄れ消えていくが、考えることは生きている限り終わらない。
とくに数学の考え方は普遍的で、応用がきく。

集まったデータを分析しようとするとき、「分散」という専門用語が出てこなくても、求める公式を忘れてしまっても、
「平均から離れたデータがたくさんあると、データは大きくばらつく」
と理解していればいい。

理解があれば、

「データと平均値の差」

が、バラツキを考えるときに必要な要素だということにも気づくはずである。

考えればいい。
書いてわかるなら、書けばいい。

本書で繰り返し「書いてみればいい」といったのは、書けばわかるからだ。理解できるからだ。

間違っても、まるごと覚えるためではない。

自分の頭で統計学を考える

統計学とは、私たちの身近に知らずしらずのうちに活用されている学問である。

いや、私は気づいているが、読者は気づいていないだろう。知識があればわかるし、なければ気づけない。

もっとも、本書を読み終えようとしているみなさんが、統計学への理解をすでに深めていることは間違いない。

本書は、統計の初歩の初歩という誰も書いていない分野に挑戦してみた本である。

入門書を読んだけどわからなかった人向けに書いた本である。

そして、その知識を自ら血肉としていくための一番いい方法は、やってみることだ。

統計学を本の中だけの知識で終わらせず、自分の手でデータを集め、度数分布表にまとめて、ヒストグラムを描き、平均値と分散を求めて、正規分布のグラフを描いてみればいい

のである。

　最近は、エクセルでも立派な統計分析ツールがついている。バグもなくはないが、あまり気にしなくてもいいだろう。

　なにしろ、サクッと簡単に計算できるのは強みである。

　データを集めるのは簡単だ。

　サイコロを振るなり、コインを投げるなりすればいい。集まったデータは二項分布になっている。

　ぜひ自分でデータを作って、統計学的にアプローチしてみてほしい。

　ネットでは生のデータをエクセルなどの形式で、そのままダウンロードできるところが数多くある。

　たとえば、各国の統計部局や国際機関のサイトの貴重な生データなどだ。

　私は、いろいろな分析をするときにこれらを利用している。

　大学の講義レポートでも、それらのサイトからデータをダウンロードして、図を作る課題を出したりしている。

　そうしたデータを活用しないのはもったいない。

　ただ本で読むのと、自分の頭と体を使ってやってみるのでは、発見や気付きの頻度は雲泥の差だ。

　統計学を大いに利用してほしい。

　知るだけで終わらせず、あなた自身のものとして、知識を活用してもらえたら、これほどうれしいことはない。

髙橋洋一

髙橋洋一 （たかはし・よういち）

1955年東京都生まれ。都立小石川高校（現・都立小石川中等教育学校）を経て、東京大学理学部数学科・経済学部経済学科卒業。博士（政策研究）。1980年に大蔵省（現・財務省）入省。大蔵省理財局資金企画室長、プリンストン大学客員研究員、内閣府参事官（経済財政諮問会議特命室）、内閣参事官（首相官邸）等を歴任。

小泉内閣・第一次安倍内閣ではブレーンとして活躍し、「霞が関埋蔵金」の公表や「ふるさと納税」「ねんきん定期便」など数々の政策提案・実現をしてきた。

また、戦後の日本経済の最重要問題ともいえる、バブル崩壊後の「不良債権処理」の陣頭指揮をとり、不良債権償却の「大魔王」のあだ名を頂戴した。

2008年退官。

現在、嘉悦大学ビジネス創造学部教授、株式会社政策工房代表取締役会長。

『バカな経済論』『バカな外交論』『【図解】ピケティ入門』『【図解】地政学入門』『【図解】経済学入門』『99％の日本人がわかっていない 国債の真実』『【明解】会計学入門』（以上、あさ出版）、第17回山本七平賞を受賞した『さらば財務省！ 官僚すべてを敵にした男の告白』（講談社）など、ベスト・ロングセラー多数。

図解 統計学超入門

〈検印省略〉

| 2018年 | 12 月 | 25 日 | 第 | 1 | 刷発行 |
| 2019年 | 2 月 | 4 日 | 第 | 3 | 刷発行 |

著 者—— 髙橋 洋一 （たかはし・よういち）

発行者—— 佐藤 和夫

発行所—— 株式会社あさ出版

〒171-0022 東京都豊島区南池袋2-9-9 第一池袋ホワイトビル6F
電 話 03 (3983) 3225 (販売)
　　　　03 (3983) 3227 (編集)
F A X 03 (3983) 3226
U R L http://www.asa21.com/
E-mail info@asa21.com
振 替 00160-1-720619

印刷・製本 (株)ベルツ

乱丁本・落丁本はお取替え致します。

facebook http://www.facebook.com/asapublishing
twitter http://twitter.com/asapublishing

©Yoichi Takahashi 2018 Printed in Japan
ISBN978-4-86667-104-8 C2034